华 中 科 技 大 学
学术著作青年系列丛书

# 认知症老人生活质量影响因素及社会支持研究

Associates of Perceived Quality of Life in Chinese Older Adults
Living with Cognitive Impairment and Social Support

高 翔 著

人 民 出 版 社

# 自　序

　　本书稿系国家社科基金青年项目《失智老人生活质量影响因素及社会支持研究》（17CRK017）的最终成果。该项目选题得到我的老师南开大学关信平教授的启发与指导，因为当时社会学和社会工作领域对国内认知症老人的研究极少，与其从社会心理层面深入探讨认知症老人的某一具体问题，例如病耻感的形成机制，还不如先行揭示我国认知症老人的生活质量状况，填补已有研究在这个领域的空白。关信平老师的点拨让我茅塞顿开，我的国家社科基金顺利立项，产出 7 篇英文系列论文。自 2017 年立项以来，本书从问卷设计、实地调研、数据分析到成稿，历时 6 年之久。其中历经我一系列的人生大事，包括生育第一个孩子，孕育第二个孩子。

　　项目的问卷设计得到我的博导、密歇根州立大学孙飞教授的悉心指导，以及丹佛大学王凯鹏教授的积极支持，在问卷定稿的时候，系列论文的标题已经基本拟定。犹记得暑假烈日炎炎，我带领着社会工作的研究生、本科生们到武汉市洪山区关山街道各个老年社区深入调研。在社区对老年人做认知筛查，调研老年人对认知症的病耻感、恐惧感等并不是容易的事情，但是学生们都完成得很好。刘志童、徐茂成、刘瑞、郑营凤这几位研究生分工合作，全心全意地投入到研究项目中，让我倍感欣慰。数据采集完成后，我和孙飞教授、王凯鹏教授，还有我的博士大弟子陈耀锋同学，合作完成了 7 篇系列论文，其中 5 篇已经发表在 SSCI 期刊上。在和睦的团队中共同写作是一大幸事，我从中受益良多，非常感恩。

本研究涵盖认知症老人生活质量的"描述性""解释性"研究，并尝试进行提升生活质量的"干预性"研究，旨在建立认知症生活质量研究本土化理论框架，推动认知症老人社会心理量表本土化，完善认知症老人及其照顾者的干预服务体系，促进认知症老人友好社区建设及政策融合。中国面临人口老龄化的严峻挑战，到 2050 年，每 4 个人中就有 1 个为老年人口，届时认知症老人将增加至 4000 万人。希望更多的学者关注这一特殊的老年群体，关注认知症老人在全病程的需求，打造一个认知症老人友好型的社会，共同推进认知症老人的积极老龄化。

我想感谢我的家人对我科研工作的支持：感谢我的父母，在我工作的时间里，大多都是他们在替我负重前行，照顾家庭；感谢我的丈夫，他是一个"工作狂"，他的拼搏和自律激励着我，他也尽全力挤出时间支持家庭；感谢我的儿子，他虽然很调皮，但他是一个可爱、善良的好孩子。

高　翔

2023 年 3 月

# 目　录

# 第一章　绪论

## 第一节　研究背景

### 一、人口增速持续放缓

历史上，中国人口一直占世界人口较大的比例。1850 年中国人口约 4.3 亿人，占世界人口的 34%。1949 年末，中国大陆人口为 5.4167 亿人，占世界人口比例下降到 22%（沈可、蔡泳，2012）。新中国成立后，随着生活质量、医疗卫生水平的提高，人们的死亡率降低，生育率和预期寿命不断增长。1953 年全国第一次人口普查[①]，我国人口数量为 6 亿多，出生率上升到 37‰，死亡率下降到 14‰，自然增长率创下 23‰的新高。1965—1970 年之间，我国人口扩张迅速，人口年均增长率高达 2.74%，而当时世界平均人口增长率仅有 2.04%。如果照此速度，我国人口仅需 25 年便会增加 1 倍。为预防人口过度膨胀的风险，我国开始实行紧缩型计划生育政策，至 20 世纪 70 年代末，我国人口增长率已快速回落至 1.44%。1982 年，我国将紧缩型计划生育定为基本国策，在计划生育等综合因素的影响下，中国陷入长

---

① 国家统计局：第一次人口普查统计报告。

期低生育率阶段。得益于 2016 年开始实行的"全面二孩"政策，在 2016 年到 2017 年两年时间内，我国新生儿大幅增加。2016 年新生儿超过 1800 万人，比政策实施前多出 200 多万人；2017 年新生儿也超过 1700 万人，比政策实施前多出 100 多万人。但政策影响效果也仅在 2—3 年之间，后续陷入疲乏。根据 2020 年第七次人口普查公开数据显示[①]，2010 年到 2020 年我国人口年平均增长率为 0.53%，比 2000 年到 2010 年的年平均增长率（0.57%）降低了 0.04%，说明我国人口在过去的十年继续保持低速增长趋势。

**二、人口结构深度老龄化**

中国是世界老龄人口最多的国家，也是老龄化发展速度最迅猛的国家之一（吴聘奇，2018），在全球老龄化格局中有着举足轻重的作用。为遏制人口过度膨胀，1982 年，计划生育政策被定为中国的基本国策，大幅降低我国的生育率水平，极大缓解人口数量高速增长带来的压力，同时也迅速改变我国的人口年龄结构，加剧了人口老龄化趋势（李建新，2005）。1990 年至 2000 年十年的时间里，我国 65 岁及以上老年人口增加约 2500 万人，占总人口的比例从 5.57% 提升到 6.96%。21 世纪以来，我国的人口老龄化趋势已十分明显。为应对这一趋势，我国对原有生育政策作出调整，2014 年开始启动"单独二孩"生育政策，2016 年进一步实施"全面二孩"生育政策，鼓励育龄夫妇生育"二胎"（杨柠聪，2020）。然而，"二孩"政策带来的效果远不及人们预期。2019 年国家统计局的《经济社会发展成

---

① 国家统计局：第七次人口普查统计报告。

就报告》显示，2018 年人均预期寿命达到 77 岁。在低生育率、人均寿命延长的双重作用下，中国人口已经进入老年型。2020 年中国第七次人口普查数据显示，我国 60 岁及以上的老人已占到总人口的 18.7%，65 岁及以上老人占总人口的 13.5%，分别比 2010 年第六次人口普查上升 5.44% 和 4.63%。[①] 人口老龄化程度在不断加深，且速度不断加快（杜鹏、陈民强，2022）。学者预测，65 岁以上老年人在 2035 年将增至 3 亿，2050 年将增至 3.6 亿。人口老龄化是世界人口发展的大趋势，也是我国直至 21 世纪中叶的基本国情（杜鹏、李龙，2021）。

### 三、人口高龄化问题日益突出

人们普遍知晓"人口老龄化"，但对"人口高龄化"却不甚了解。随着医疗水平的提升及保健意识的强化，很多在年龄上已被划归为"老龄"的人群，剩余寿命大为延长，"人生七十古来稀"之说早已不合时宜。人口高龄化（aging of the aged）是指一个国家或地区在一定时期内 80 岁及以上的高龄老人（或称老老人，the oldest old）占老年人口总数（≥ 65 岁）的相对比例趋于上升的过程（罗淳，2002）。高龄化的显现，一方面表明老龄化进程仍在加速，另一方面也显示老龄人口的年龄结构已然改变。我国人口老龄化进程伴随着突出的高龄化趋势，人口高龄化是新时代我国老龄化问题面临的又一重大挑战。截至 2017 年底，中国 80 岁及以上人口已达 2600 万人，占全国总人口的 1.8%。2017 年联合国预测，到 2025 年，这一比例可能会上升到 2%；

---

① 国家统计局：第七次人口普查统计报告。

到 2050 年，该比例将暴增至 8%。有学者预测，80 岁及以上的高龄老人，到 21 世纪中叶将超 1 亿人（杜鹏、李龙，2021）。

## 四、我国老年认知症高发

我国进入老龄化社会以来，老龄人口数量加速增长，老龄人口高龄化形势日益严峻，老年病问题突出。近 10 年来，我国老年人口患病率不但没有减少，反而在近 5 年又增加 18%（李淑杏等，2014），在老年人口不断增长的阶段，老年人口健康状况并没有得到改善。因此，分析并干预"老年病"对生活质量的影响，也就成为老龄化背景下不可忽视的重点问题。老年认知症是最常见的老年病之一，在发达国家被列为老年人第四位最常见的死亡原因，对老年人个体生活质量危害极大。老年认知症一般发病于老年期，病程缓慢且不可逆，临床上以逐渐的智能损害为主。

与此同时，我国患有认知症老年人的数量正在以惊人的速度增长。世界阿尔兹海默症报告显示，全球大约有 4680 万人患有认知症，预计到 2030 年将增加到 7470 万人，到 2050 年将增加到 1.31 亿人（Prince，2015）。中国是世界上认知症人数最多的国家，约占全球认知症人数的 20%（Songand Wang，2010）。据统计，中国 60 岁及以上的认知症老人已从 1990 年的 368 万人增加到 2020 年的 1507 万人，预计到 2050 年将激增至 2898 万人（Chan et al.，2013；中国老龄协会，2021）。老年认知症的患病率随年龄增长而增加，在 65 岁以上人群中约为 5%，而在 85 岁以上人群中约为 20%（Alzheimer's Association，2009）。认知症已经成为国际社会老年人的主要致死疾病之一，是严重威胁全人类晚年生命质量的毒瘤。认知症老人，这一特殊老年人群体的养老问题，已日益成为老年服务领域的热点与重点。

认知症老年人的主要问题包括：记忆问题（短期记忆差等）、认知问题（丧失时空感等）、行为问题（攻击性等）、心理问题（多疑、易怒等）、自理问题（大小便失禁等）五类，这些都将严重影响老年人的日常生活能力和社交能力等方面，进而影响到老年人个体生活质量。此外，认知症老年人家庭照料负担过大，照料时间可长达20年之久，这严重影响家庭生活质量。由于社区照料资源的匮乏以及家庭结构的变化（例如家庭核心化），长期照料认知症老年人患者会给家庭照顾者带来巨大的生理、心理、情感和经济负担，特别是对中年"夹心层"而言，造成家庭照料与劳动参与的冲突，以及多种家庭照料责任间的冲突；对家庭整体而言，由于照料认知症老人责任重大且难以平衡，可能引发老人配偶、成年子女之间的矛盾，影响家庭生活质量。以家庭为主体的老年照料方式如何吸收更多社会支持，以外界资源弥补认知症老人的家庭养老，建设家庭主导的社会支持体系是迫切需要解决的问题（李建新，2007；王来华等，2000）。

目前普通家庭缺乏对认知症老人的照护知识与技能，认知症友好型社区建设滞后，认知症老年人相关支持政策不完善，家庭照料的立法论证严重不足，认知症老年人的照护问题，已日益成为我国国家健康促进和老龄事业发展中的重点和难点。2016年8月26日，中共中央政治局审议通过"健康中国2030"规划纲要，指出要重点解决好包括老年人等各类重点人群的健康问题。2020年9月，为贯彻落实《健康中国行动（2019—2030年）》，国家卫生健康委办公厅印发《探索老年痴呆防治特色服务工作方案》，鼓励试点地区探索开展认知症防治特色服务，联动患者个体、家庭、社区、医院，大力推动认知症筛查、预防与治疗。本团队认为，在当前的老龄化背景下，应寻求跨学科合作，进行跨越医学、社会学、社会工作、社会保障、法学的学科融合，尽快开展老年人认知症相关社会问题的描述型、解释型和干预型研究，以期为老年领域的实务工作人员提供理论和方法上的参考。

## 第二节　认知症老人生活质量的研究进展与不足

### 一、认知症老人生活质量的描述型、解释型研究的进展与不足

由于老年认知症属于特殊慢性疾病，照料负担大且无法治愈，保障认知症老人个体及家庭的生活质量，甚至比认知症的治疗更有意义。然而到目前为止，我国对于老年认知症的研究主要集中于病理性的治疗手段，对于生活质量的研究尚未拓展到认知症老人，对家庭生活质量的更是鲜有涉及。当前，我国对认知症老年人群体的研究还存在着一些不足，主要表现在以下方面。

第一，在生活质量的研究对象上，现有研究主要关注普通大众或一般老年群体，对认知症老人群体及其家庭的关注较少。国内关于生活质量或一般老年人生活质量的研究不断增加（例：李建新，2007；邬沧萍，2002；周长城，2011），例如国内学者邬沧萍（2002）将老年人生活质量定义为"老年人对自己的物质生活、精神文化生活、身心健康、自身素质、享有的权利和权益以及生存（生活）环境等方面的客观状况和主观感受所作的总评价"。但是国内研究鲜有对特殊老年人群体的生活质量研究。认知症老人群体由于其特殊性，无法对自身生活质量进行评价，特别是对于中重度的认知症老人，疾病之

中的生活质量如何界定，是学界亟待解决的重点问题。此外，现有研究对生活质量的概念界定并不统一，缺乏对认知症老人家庭生活质量的定义。国外研究已对家庭照顾者个体的生活质量进行界定。例如，George（1986）将其定义为家庭照顾者因为照顾他人对自身身心健康、社会交往、经济情况等方面的综合评价。由于老年认知症属于特殊慢性病，长期照料负担较重，如何界定认知症老人家庭生活质量是亟待研究的重要问题。

第二，在生活质量的测量上，现有研究缺乏本土化的特殊群体生活质量测量体系，科学地量化评估认知症老人个体及家庭的生活质量。国外通用的认知症老人个体生活质量量表是"阿尔兹海默症生活质量量表"（Alzheimer's Disease-Related Quality of Life，Rabins，1999），由 47 个问题组成，包括四个维度：认知症老人的社会交往、自我意识、情绪情感和环境反应，一般由社工和家庭照顾者填写。家庭照顾者的生活质量研究一般操作化为照料负担（ZARIT 照料负担量表）和抑郁程度（CES-D 流调用抑郁自评量表）。现有量表多由西方学者设计，测量重点在于个体（认知症老人自身或照顾者）的身心健康和社会交往，没有将家庭作为整体进行研究。同时，由于中西方文化差异，西方学者没有考虑到中国家庭生活质量中的社会文化因素，特别是认知症对家庭关系和家庭"面子"等核心概念的影响。由于高度的文化敏感性，西方生活质量量表亟须在我国进行本土化的操作，联系我国家庭照料的实际情况，验证在我国认知症老人及其家庭中的信度和效度。已有量表可以作为我国生活质量测量的"指标库"，具有借鉴意义，但不能完全照搬。

第三，认知症研究缺乏理论框架的指导。在西方家庭照料压力研究中，Pearlin 等人的"压力过程模型（Stress Process Model）"（Pearlin et al.，1991）影响最为深远，认为主要和次要压力源作用于个体后，能否产生压力后果主要取决于两个重要的中介变量——社会支持和压力应对。对于认知症老人的家庭而言，主要压力源即是认知症老人的记忆问题、认知问题、行为问题、心理问题等。个人与家庭是否会感知到老年认知症带来的压力，取决于社会支持网络和应对方式的缓冲作用。当照顾者通过认知评价发现自身的社会支持和应对方式无法回应认知症老人的照料需求时，压力源就会导致负面后果，也即是抑郁及照料负担过重的情况，影响到认知症老人个体和家庭的生活质量。目前国内简单化地研究老年认知症（压力源）对抑郁（压力后果）等因素的影响，忽视中介变量的作用，缺乏理论框架的指导。

第四，认知症老人个体及家庭生活质量现状亟待研究。现有研究已关注到空巢老人等特殊群体的生活质量问题（李建新等，2012），但由于认知症老人生活质量的概念界定与本土化测量上的不足，这一特殊群体的生活质量状况不明。在老龄化背景下，结合城乡二元结构，摸清城市和农村认知症老人个体生活质量情况，解析其家庭生活质量情况，对于满足认知症老年人需求，积极应对老龄化具有重要意义。

第五，忽视对认知症老人生活质量影响因素的系统研究，仅仅是孤立地探索个人或家庭生活质量的某些影响因素。如何在我国老龄化背景下、城乡二元结构下，系统分析认知症老人个人和家庭生活质量的影响因素，厘清二者之间的关系，是迫切需要解决的重大问题。国内仅有的研究表明：年纪轻、收入高、有配偶、教育程度高、由配偶照料、与照顾者共同居住、性格外向、自理程度高、认知程度轻的认知症老人生活质量较高（Li et al., 2013）。国外研究中影响家庭照顾者生活质量的因素主要包括认知老人特征、照顾者特征和家庭特征。从认知症老人特征上看，认知程度越高、行为问题越严重、年龄相对较小、发病越早的男性老人，家庭照顾者的生活质量越差；从照顾者特征上看，年龄越小、照料时间越长、经济紧张的女性照顾者生活质量较差；从家庭特征上看，发病前家庭关系越差，家庭照顾者生活质量越差（Torti et al., 2004）。国内仅有的研究表明：年龄越小、照料时间越长，老人精神／行为问题越少，认知程度越低，非自费支付医疗费用的家庭照顾者的生活质量较高（钟碧橙等，2010）。

第六，面对认知症老人的照料危机，提升个体与家庭生活质量的社会支持研究亟待加强。国内外研究表明，社会支持对老年人的生活质量起到积极作用（李建新，2007）。社会支持能够促进身心健康，缓解照料压力，从不同角度（实质性支持、情感性支持等）、不同来源（正式和非正式）支持家庭，帮助和鼓励家庭更好的照顾老人，充分发挥家庭养老的核心作用。面对认知症老人的长期照料压力，如何让家庭中的劳动者能兼顾工作和家庭，如何挖掘社会支持的来源与类型，以外界资源弥补认知老人的家庭养老，建设家庭主导的社会支持体系，做到从"家庭支持"走向"支持家庭"，是社会支持研究中的核心问题（石人炳，2013）。

## 二、认知症老人生活质量的干预型研究进展与不足

### （一）认知症老人自身生活质量的干预研究进展与不足

对认知症老人的生活质量进行干预的起点在于对认知受损程度的评估。由医护人员和社会工作者对认知症老人进行诊断和评估分级后，

接受相应的干预。轻度认知障碍患者基本生活能够自理，需要最大程度的延缓认知衰退的过程。中度重度认知症老人可以进入专业的养老照护机构，在封闭式、回廊式结构的照护专区接受服务，尽可能保证认知症老人的生活质量；也可在家接受机构和社区的上门照护服务，建立家庭养老床位。对认知症老人的评估可包括营养状况、日常行为能力、跌倒风险评估、视听觉能力、语言能力、其他感知觉能力、如厕评估、疼痛评估、精神状况评估及自我服药能力评估等。当评估发现认知症出现其他严重的生理疾病或严重精神行为问题，就会转诊到医疗机构或精神卫生机构；当认知症老人处于临终状态时，接受临终关怀服务。

目前国内外对于老年认知症患者主要采取药物干预和非药物干预相结合的方法。药物干预主要是医院针对认知症老人的病情，给予一定的药物治疗和指导。药物干预对于初期发病阶段的治疗十分有效，能够很好地控制老人的病情，迅速减轻疾病对老人造成的困扰。但是，单一的药物治疗的缺点也较为突出：首先，认知症患者长期服用药物后，身体的耐药特性会逐渐增强，药物治疗难以为老人提供长久持续性的有效治疗。其次，药物一般都存在副作用，长期服药本身就容易对认知症老人的身体和心理产生一定不良影响，家庭照顾者也担心副作用的危害，常常私自为老人减药停药，这些都十分不利于认知症老人的康复。再次，药物治疗无法兼顾家庭的心理社会问题。从家庭经济方面来说，认知症老人的诊治费用和长期护理费用会对家庭造成一定的经济负担。特别是重度的认知症患者，家庭照顾者可能需要提供全天候的照顾，个人时间往往会受到过度挤压，基本上没有工作时间，造成收入断档，最后导致认知症老人家庭入不敷出，经济压力较重。从照顾者的身心健康方面来说，长年累月的家庭照顾会对照顾者的生活质量造成一定的影响，影响他们的身心健康状况，家庭照顾者的耐心和意志饱受折磨，严重者甚至会反过来虐待或暴力对待认知症老人，这又进一步加重老人的病情。因此，仅仅对认知症患者开展药物治疗是远远不够的，还需要对家庭整体予以非药物干预。

国内社会工作对认知症的干预研究起步较晚。我们发现大量的社会工作硕士论文开始研究某种具体的干预策略、在认知症老年群体中的干预效果，例如以互助、沟通为主题的小组工作，桌面游戏的小组介入，音乐治疗等干预方式对认知症老人的生活质量有一定的改善作用（涂耀明，2018）。我们呼吁越来越多的社会工作研究者运用随机对照实验的方法开展高水平的干预研究。考虑到认知症的不可逆性，社会工作干预研究几乎不可能提升老人的认知水平，最好的情况是遏制认知水平的恶化，这需要对认知症老人长期的干预服务，伴随着对老人认知水平的持续跟踪，也考验研究团队的人力物力情况。

（二）认知症老人照顾者的干预研究进展与不足

认知症患者的数量随着人口老龄化加剧而不断增多的同时，我们的医疗服务设施和养老服务设施却难以满足认知症老人的长期照护，居家照顾仍然是目前养老的主要模式，家庭照顾者承担着巨大的照料压力。现有的研究主要集中在家庭照顾者的照料负担、照料压力和照料技巧等方面，认为这些因素会影响照顾者的照料质量，但对于如何帮助照顾者减轻照料负担和压力、提升照料技巧等方面，不能仅仅提出一些较为粗糙的、宏观的建议，要针对认知症的特殊情况提出切实可行的微观建议，为家庭照顾者提供科学、有效的实务指导经验。发现问题与解决问题同等重要。家庭照顾者是认知症老人的主要照料力量，能够为患者提供生理和心理层面的长期照料，家庭照顾者的生活质量和患者的生活质量息息相关。世界卫生组织曾指出，"当家庭成员被诊断患有认知症后，其家庭照顾者很容易成为第二个病人"。社会工作作为社会治理的重要专业服务力量，需要加大对认知症老人照顾者的实务研究，特别是切实可行的干预研究，重点关注认知症照顾者的想法、感受和行为，和作为照顾者的压力反应，帮助照顾者做好情绪监测，提高照顾技巧，提升照顾自信。

目前国外针对家庭照顾者的干预形式（和巾杰、王婧，2021），主要包括教育干预（education intervention）、技巧培训（skill building intervention）、认知行为疗法（cognitive behavior therapy）、音乐疗法（music therapy）、喘息服务（respite care）、同伴支持（peer support）、多成分联合干预（multi-component intervention）等（吴蓓等，2019）。在众多干预研究中，主要的结果变量包括心理健康变量（例如抑郁、正负面情绪）和照料负担。其他结果变量包括照顾者的应对技巧、工具性和表达性社会支持、对认知症的知识水平等。少数研究将被照顾者的情绪和行为作为结果变量。也有研究将机构照顾的使用视为结果变量。在所有的干预中，多成分联合干预最为有效，电脑电话形式的干预在多个研究中的结果不一致（郑悦、黄晨熹，2020）。

国内学界针对认知症老人照顾者的干预研究较少，不足之处在于：第一，干预周期短，缺乏可持续性与推广性；第二，干预内容贫乏，可考虑多成分联合干预，不局限于健康讲座和技巧培训等干预内容；第三，网络、电话等远程干预形式较少。由于认知症老人出行不便，再加上疫情的影响，线下的干预服务受到局限。研究者可借助电话和网络平台实现远程干预，利用互联网便捷、迅速的特点，满足照顾者的多样需求。

### 三、认知症老人友好型社区建设的研究进展与不足

从北美到欧洲，"老年友好型社区"已经成为老龄政策新的发展趋势。"老年友好型社区"是适合老年人居住和生活的社区，社区为老年人的生存与发展提供良好的物质条件和社会文化环境，既能满足老年人的物质需求，又能满足老年人的精神需求，使社区中的老年人受到应有的尊重，老年人不仅仅是被照顾的对象，也是参与社区建设的一支重要力量，其最终目的是提升老年人的生命质量，提升老年人的获得感、参与感（李小云，2019；康越，2014）。同时，政府及相关机构希望通过老年友好环境的建设，推动设施及服务的适老化改造，更好地满足老年人口的多元需求（詹运洲，2014）。然而，"老年友好型社区"的概念建构，并未充分考虑到认知症老人这一特殊的患病群体及其照顾者的需求，也无法回应认知症老人及其家庭在求医问诊、治疗、护理、社区服务使用以及社区融入等方面的特殊需要。建设"认知症老人友好型社区"，能极大地支持家庭对认知症老人进行长期照护，让老人可以有尊严地生活，便利地使用公共服务，参与到社会活动中去。同时，也为家庭照顾者和其他家属提供一个友好、尊重和赋能的社区环境（吴聘奇，2018）。由于老年认知症属于特殊慢性疾病，照料负担大且无法治愈，保障认知症老人个体及家庭的生活质量，甚至比认知症的治疗更有意义。然而到目前为止，我国的社区研究尚未充分考虑认知症老人群体的特殊性，未能有效回应认知症老人及其家庭在求医问诊、治疗、护理、社区服务使用以及社区融入等方面的特殊需要。

## 四、认知症老人政法研究进展与不足

"十三五"规划提出建立长期护理制度，但认知症长期护理有关的政策仍不完善。目前，我国政策重点关注养老机构等照料主体，财政支持机构照料服务以及社区日间照料中心。目前，认知症照护床位已在上海等城市推行，旨在养老照护机构内设置专门的认知症照护床位，为认知症老人提供专业、整体的服务。但是，广大的家庭照顾者没有得到应有的政策关注。长期护理保险对认知症老人的覆盖程度不高，仍处于探索和建设阶段，亟须与家庭养老床位等有关政策进行深度融合。直接面向家庭照顾者的喘息服务主要集中在北京、上海等一线城市，鲜有在小城镇或是农村地区提供（郑悦、黄晨熹，2020）。照料假等惠及家庭照顾者的政策也仅在少数城市试行，给予照顾者的政府补贴和税收优惠等政策亟待进一步的论证。此外，我国缺乏专门针对照顾者的相关法律。欧洲国家对于家庭照顾者以立法的形式予以支持，英国早在1995年就颁布直接针对家庭照顾者的法案，芬兰在2006年通过《家庭照料法》，为非正式照顾者提供补贴与喘息服务。我国亟待开展家庭照料的立法论证，用法律来支持家庭，帮助其降低身心负担和社会经济负担，同时保证照顾质量。

## 第三节　研究意义

### 一、建立认知症生活质量研究本土化理论框架

本研究在老龄化背景下，以压力应对理论为基础，以"压力过程模型"为理论框架，以认知症老人及其主要照顾者为研究对象，建立认知症老人生活质量的压力过程模型，重新定义和扩展认知症老人

个体及家庭生活质量的内容。同时，根据压力过程模型确定作用于认知症老人的主要和次要压力源，挖掘压力源（认知症老人个体因素、照顾者个体因素、家庭因素）对压力后果（生活质量）的影响，检验认知症老人的社会支持和应对方式的调节作用。在认知症生活质量研究本土化理论框架的指导下，从微观、中观、宏观三个层面，共同推进认知症家庭整体的生活质量。①微观层面，可通过社会工作的专业方法支持认知症老人及家庭，例如使用音乐疗法等非药物干预方法减缓认知症老人的认知衰退，使用行为激活疗法提升主要照顾者的心理健康水平，并进行随机对照实验，评估并完善微观干预方法；②中观层面，从社区建设的角度支持家庭，围绕认知症老人提供专业化、多样化的社区服务，在"老年友好型社会"的框架之下，通过打造"认知症老人友好型社区"充实社会支持资源，做到从"家庭支持"走向"支持家庭"，建设"家庭主导、社区为本"的认知症老人社会支持体系；③宏观层面，从社会保障政策和法治建设角度，有效发挥家庭养老的核心作用和充分挖掘社会支持资源，并让主要照顾者实现工作—家庭平衡为目标，提出优化养老服务和长期护理保险制度的政策和立法建议。

## 二、推动认知症老人社会心理量表本土化

西方学者在研究认知症老人生活质量过程中，专门针对这个特殊群体，编制若干个生活质量测量量表，试图描绘出认知症老人多维度的生活质量情况。其信效度在实际应用中得到了广泛的验证，是我国生活质量测量的"指标库"，具有借鉴意义。但由于中西方存在文化差异，量表在我国的使用中容易出现"水土不服"的情况。此外，西

方生活质量测量量表的测量重点在于个体（认知症老人自身或照顾者）的身心健康和社会交往，没有将家庭作为整体进行研究。其中，阿尔兹海默症相关的生活质量评估量表（ADRQL）已被广泛应用于评估认知症老人的生活质量，然而，该量表在中国大陆的应用过程中，信度和效度尚未得到充分验证。因此，本研究旨在联系我国家庭照料的实际情况，以西方的认知症生活质量评估量表为主要测量工具，充分考虑中国家庭存在的社会文化因素，特别是认知症对家庭关系和家庭"面子"等核心概念的影响。在量表使用过程中，修订特殊群体生活质量测量量表，并验证其运用于我国认知症老人的信度和效度。以此为基础，探析认知症老人个体及家庭生活质量的影响因素，扩充与完善生活质量的研究对象、定义、测量方法与内容。

### 三、完善认知症老人及其照顾者的干预服务体系

（一）完善认知症老人干预服务体系

当前国内外对认知症老人的干预服务还主要以药物干预为主，更有利于患者身心整体健康的非药物干预还处于探索阶段。国外研究发现综合性的干预措施更有利于帮助认知症患者及其家庭减轻压力与抑郁情绪，提高生活质量。国内亟须针对认知症老人的综合干预服务方案，将药物干预和非药物干预相结合，进行跨学科的干预服务设计。如果学界和社会力量"各行其道"、互不干扰，不但无法为认知症老人家庭提供更加有效的治疗方案，且容易造成资源和人力的重叠和浪费。本研究从社会工作学科的专业方法出发，统合最新的医学成果，利用智慧云脑和健康科技，帮助认知症老人建立和完善科学的非药物干预服务体系。本研究以认知症老人及其照顾者为研究对象，以

压力应对理论为基础，建立认知症老人的压力过程模型，通过问卷调查，描述认知症老人的生活质量状况，并揭示关键性的影响因素。在此基础上，提出综合干预模式，以提高认知症老人的积极情绪和生活质量。本研究对于认知症老人的干预重点是心理健康状况与社会交往状况，充分利用认知症老人未受损的功能（例如，情感表达的功能），通过专业服务来提升认知症老人的生活幸福感。

（二）完善认知症老人照顾者干预服务体系

当前认知症老人主要在家庭中照料，家庭照顾者需要社会给予更多的关注与支持。但随着女性劳动市场参与率的提高、外出务工子女的增多，以及居住距离的增加，家庭的照料能力随之减弱。而认知症老人的照料负担远大于普通老人，照料者需要疾病相关的知识与技能储备，且照料时间可长达 20 年之久，对此，有必要给予认知症老人的家庭照顾者更多的正式支持和非正式支持，探索家庭、社区、营利性与非营利性养老机构、科技企业等多元主体在认知症服务供给中的角色与定位，减轻家庭照顾者压力。在微观上，我国对认知症老人家庭照顾者的干预研究尚处于探索阶段，干预形式多采用个案或小组的形式；干预内容主要是照顾知识宣讲、照顾技能培训和照顾者心理辅导等，实验研究甚少（刘晨红等，2019）。我们想要改善认知症老人的生活质量，绝对不能回避对家庭照顾者的研究，而照顾者生活质量的好坏很大程度上决定着认知症老人的晚年生活质量，因此对于提升照顾者生活质量的社工干预措施及效果亟待研究。当前，以"正念"与"接受"为主的认知行为治疗备受推崇，而认知行为干预的重点正在从关注认知行为的组成部分向行为激活转变，一种"由外而内"的行为激活技术逐渐发展起来。越来越多的证据表明正念和冥想干预对减轻家庭照顾者的负担和抑郁症状有显著效果，可以改善照顾者的生活质量，从而改善认知症老人的生活质量（Hurley et al.，2014；Waelde et al.，2017）。因此，本团队在针对家庭照顾者干预研究过程中，以行为激活疗法为主要干预技术，结合社会工作相关理论与方法，探讨行为激活疗法运用于认知症老年患者家庭照顾者生活质量干预的适用性和有效性。但是，对家庭照顾者的干预不能仅仅局限于个案层面，面对数量庞大的家庭照顾者群体，在吸纳其他国家和地区认知症相关实践经验的基础上，团队也试图从政法层面支持该群体，形成稳定的正式社会支持系统。同时推动科技企业、社会工作机构等合作参与其中，多方联动，共同激活养老资源，提升认知症家庭整体的生活质量。

## 四、促进认知症老人友好社区建设及政策融合

为积极应对人口老龄化，包括我国在内的大部分国家，越来越重视"老年友好型社会"的建设。2019 年 11 月，中共中央、国务院印发了《国家积极应对人口老龄化中长期规划》再一次明确提出"构建家庭支持体系，建设老年友好型社会"，坚持走中国特色的应对人口老龄化道路。"认知症友好型社区"的建设，正是"老年友好型社会"的重要组成部分。如何统筹多元主体的力量，扩大参与范围，运用健康科技规划社区环境，改善社区文化，围绕认知症老人提供专业化、多样化的社区服务，在"老年友好型社会"的框架之下，打造"认知症老人友好型社区"，是社区服务供给机制改革的新方向，也是积极应对老龄化的重要举措。本研究除了聚焦于微观层面的干预研究，同时还从社区服务供给机制出发，充分回应认知症老人及家属这一特殊

群体，在求医问诊、治疗、护理、社区服务使用以及社区融入等方面的特殊需要，以认知症老人为中心，建设"认知症老人友好型社区"，同时鼓励多元主体参与建设，运用健康科技改善社区环境，培育社区文化，围绕认知症老人提供专业化、多样化的社区服务，有助于实现积极老龄化，缓解家庭照料负担，提高认知症老人个体及家庭生活质量，进而为我国"认知症老人友好型社区"的建设提供理论依据、技术支持和政策建议。本研究努力推动"认知症老人友好型社区"与我国政策实践的有效融合，充分吸取我国在机构认知症病床、家庭养老床位方面的试点经验，结合我国正在推行的长期照护保险，整合相关政策资源，避免政策重叠、资源浪费。

## 第四节　研究理论视角

### 一、压力应对理论的内容

（一）压力与压力源

"压力（Stress）"一般与艰难或者困境相对应，最早起源于物理学。1935 年，哈佛大学 Cannon 教授将压力一词引入生理学，将其定义为当个体遇到来自环境压力源的影响，如饥饿、寒冷时，会导致其生物系统衰竭，造成机体内部环境失衡（Cannon，1935）。随后，Cannon 的学生 Selye 将这一概念引入医学和心理学领域。他认为，压力是指当个体受到外界刺激且用于应对刺激的行为模式失效时，个体在身体和精神上所产生的系列反应。后续的研究中认为压力是人与外部刺激之间的交互关系，在这一过程中外部刺激受到人的主观评价，从而确定对个人的正负向影响以及个人是否有能力应对（Folkman and Lazarus，1985）。当前压力研究中普遍认可最后一种观点，认为压力是需要人们主观评价和适应的生活事件（Lazarus and DeLongis，1983）。

压力源（Stressor）是引起个体出现焦虑或担心等不良反应的各种内外部刺激，或因具有威胁性或伤害性而带来压力感受的事件（event），尤其是该事件的应对超出个体感知到的个人与社会资源（沈义，2018）。压力源对于个体的影响程度不单单取决于个体对压力源的客观评价，还取决于个体的对压力源的主观感受。压力源不仅来自外部因素，例如亲人离世、过度的灯光刺激等，还可能包括内部因素，例如自身的生理疾病、非理性态度与负面情绪等。有学者将压力源大致分为躯体性压力源、心理性压力源、社会性压力源以及文化性压力源（张厚粲，2015）。

（二）压力应对理论

压力应对理论（stress and coping theory），最早由 Lazarus 于 1966 年在《Psychological Stress and the Coping Process》一书中提出，是全世界心理压力领域最知名、应用最为广泛的理论（Lazarus，1966）。该理论强调个体的认知评价（appraisal）在压力应对中的重要作用。压力应对理论认为，压力是人与环境相互作用的产物，个体能够对内部和外部的压力源作出主观评价，当个体认为此种刺激超过自身的应对能力及社会资源时，压力就会产生（Folkman et al.，1986）。因此，压力是源于个体内外部刺激与应对资源的失衡。当压力源作用于个体后，个体是否会产生压力，主要取决于个体的两个重要心理过程：认知评价（cognitive appraisal）和应对（coping）（Lazarus and Folkman，1984）。

1. 认知评价

认知评价是指个体察觉到内外部刺激对自身是否有影响的主观解读，包括压力源对个体的威胁程度，以及消解、去除压力源及其产生的压力所需的个体和社会资源。通过认知评价，个体能够察觉到内外部环境中的压力源是否会对自身产生不利影响，以及这种影响是如何产生并作用于自身。认知评价包含三种方式：初级评价、次级评价及重新评价。初级评价（primary appraisal）涉及确定压力源是否构成威胁，以及这种威胁的严重程度。在这个阶段，个体评价压力源是否构成潜在威胁、是否会造成伤害或损失，是否会对自身提出挑战或者带来收益。如果个体认为压力源可能会导致某种伤害、损失或其他负面后果，那么它可能会被评估为威胁；相反，如果个体认为压力源能够带来收益或个人成长，它可能会被评估为有益的挑战。次级评价（secondary appraisal）阶段，个体评估自身处理压力源的应对策略。这种评价受到个体社会经验、自身信念、能力和资源的影响。通过次级评价，个体思考如何采取策略来消解风险或威胁。对同一压力源，不同个体由于自身能力、资源、经验、环境的差异，可能会有不同的次级评价结果。重新评价（reappraisal）中，个体会不断重新评估压力源的性质和可用于应对压力源的资源，是一种认知层面的反馈。如果重新评估中认为应对策略不恰当或者效果不佳，个体就会调整自己对压力源所做的次级评价甚至初级评价，并相应地进行心理调适和行为改变。Lazarus 认为，积极有效地应对压力，关键在于对压力源进行积极和正面的认知评价。

2. 应对

Lazarus 和 Folkman（1984）将应对定义为：个体为管理超出自身

资源的内外部需求，而不断作出的认知和行为尝试。无论是有意识的还是潜意识的，所有应对机制的最终目标都是解决问题并恢复体内平衡。应对策略可以是积极的也可以是消极的，这取决于它们是否能够提升个体的心理健康水平。应对策略取决于个体的人格和感知经验。人们为适应某种情况而选择的应对策略是高度个性化的。即便针对同样的压力源，两个人的应对方式也不会相同。应对策略的分类方式多种多样，一般而言不再简单区分积极应对方式和消极应对方式，更多地分为问题聚焦型和情感聚焦型应对。本书认为，不能简单地断言某类应对策略的效果必定能够产出积极的效果，而是应该针对特定情境具体分析。

## 二、压力应对理论的应用

（一）压力过程模型

20世纪80年代，Pearlin等人在压力应对理论的基础上，提出了"压力过程"概念，随后在家庭照料压力的研究中发展成为"压力过程模型。压力事件（life events）和更长期的生活压力（life strains）会削弱个体的自我概念和掌控感。社会支持和应对这两种社会心理资源可以保护个体免受压力带来的负面影响，这两个重要的中介变量可以在如下重要关头进行干预：在事件发生之前，在压力事件发生之前，在压力事件变为慢性生活压力的过程中，在慢性生活压力导致自我概念消弭之前，在压力后果产生之前。

20世纪90年代，Pearlin等人开创性地将压力过程模型应用于照料研究，例如艾滋病患者的照料研究（Pearlin et al., 1997）和认知症患者的照料（Skaff & Pearlin, 1992）研究，在实证研究中使用压力过程去理解照料压力。Pearlin 等人不仅建立起社会科学领域的压力过程范式，也引起健康科学和其他学科研究人员对家庭照顾的研究兴趣，导致基于压力过程模型的研究爆发式地增长。

（二）社会文化压力应对模型

2010 年，Knight 和 Sayegh 基于压力应对理论，提出社会文化压力应对模型（Knight & Sayegh，2010）。该模型的基本观点是：第一，不同文化群体之间的差异是围绕着一个共同的核心模型而建立的，在该模型中，压力源被照顾者评价为照料负担，从而导致照顾者健康状况不佳。第二，个人主义到家庭主义的连续谱是多维的，家庭责任、家庭团结或家庭支持都是可能的子成分。第三，不应简单地将文化当作单维的，例如：我们不能简单地将文化概括为个人主义或家庭主义，而应将其作为从个人主义到家庭主义的连续谱。特别是中国的孝文化，研究者应进一步挖掘其对中国照顾者的压力和应对资源的影响。第四，文化价值观是通过对社会支持和应对方式等应对资源的影响来发挥作用，而非通过影响照顾者对压力源的认知评价。传统模型认为，注重家庭文化的传统价值观能够让照顾者对压力源的评价"较轻"，这种假设具有巨大的吸引力，多年来一直是照料负担群体差异研究的主要内容。但是，到目前为止，这个假设未能经得起检验。相反，证据表明，在大多数情况下，当家庭主义或孝道与身心健康相关时，都是通过应对方式和社会支持起作用。压力和应对模型中的文化差异也导致了不同文化群体之间在应对方式和照顾资源上的差异。基于此，Knight 和 Sayegh 提出社会文化压力应对模型（见图 1-1）。

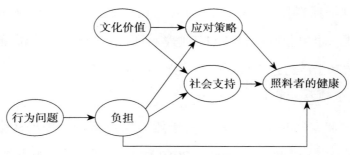

图 1-1　社会文化压力应对模型

（三）非正式照顾整合模型

非正式照顾整合模型（Informal Caregiving Integrative Model，ICIM）的基本原理是同步考虑引起非正式照顾者倦怠（burnout）的不同决定因素（例如照顾环境、照顾人员等），倦怠被看作是这些决定因素和一般结果之间的关键中介，这些决定因素是通过照顾者的评价以及他们与被照顾者之间的关系质量来影响非正式照顾者的倦怠程度（Gérain & Zech，2019）。目前，该模型的几个要素被运用到非正式照顾者倦怠的研究之中，该模型包括以下几个要素。

1. 决定因素：照顾者的特征

照顾者倦怠的第一组决定因素是照顾者的特征，作为具有个人认知、情绪和动机的个体，照顾者的特征（背景、社会人口因素、心理和身体因素）也影响着照顾者的倦怠体验。照顾者的特征可分为三大类：背景和社会人口信息、心理因素、身体状况。

背景和社会人口信息：照顾者会面临一些虽无法改变但是会影响他们照顾压力的因素，如性别、职业地位、经济状况以及照顾者的多重角色等。当研究照顾者倦怠与背景或社会人口信息之间的关联时，更加注重这些关联背后的含义。例如性别的影响倾向于揭示性别歧视，职业地位可能代表资源或者需求，多重角色可能是生活多个方面的主要风险因素，因此在对这些决定因素进行研究时，不能仅仅单纯的研究变量本身。

心理因素：个体在照顾时会体验到多种情绪，这些情绪与他们和被照料者的关系、被照料者病情的严重程度、照顾者的角色等有关。情绪调节对于这些照顾者十分重要，在他们的照顾经历中发挥着重要的作用。一项研究表明难以表达出自己的情绪是倦怠的危险因素，尤其影响情绪衰竭和人格解体这两个倦怠的重要维度。在研究照顾者倦怠情况时必须考虑心理因素，这些因素也可能成为我们干预的目标，以帮助精疲力竭的照顾者解决当下或未来可能出现的问题。未来的研究要充分挖掘非正式照顾者产生倦怠的心理过程，以便更好地进行干预设计，厘清影响倦怠的关键要素。

身体状况：照顾者的身体健康是决定他们参与照顾的因素，健康的照顾者通常会承担更多的责任。躯体障碍、生理疾病、慢性疼痛已被证明会给照顾者带来压力，使他们更容易倦怠。身体健康对于照顾者倦怠的影响在老年照顾者身上最为显著，也影响着所有照顾者的照顾能力和照顾质量。因此在未来的研究中，应该充分考虑照顾者身体状况的变化，帮助他们提升自我管理、自我照顾的能力，保证照顾者的身心健康。

2. 决定因素：照顾环境

主要压力源：照顾者倦怠的主要压力源来自被照顾者的健康问题，例如，认知症记忆与行为问题的频率和强度被认为是照顾者的主要压力来源。因此，主要压力源对非正式照顾者的倦怠产生深刻影响，这种影响主要来自被照料者的健康问题。在未来的研究中，不仅要关注客观压力源，还要关注它们所带来的次级压力源，以及照顾者对压力源的主观评价。

次要压力源：在研究照顾压力及其影响时，次要压力源的检验通常少于主要压力源，但是，这些次要压力源在照顾压力中发挥着重要作用。非正式照顾者的日常生活可能因为照顾他人而受到限制、空闲时间较少（Lindström et al., 2011）。研究发现非正式照顾者的倦怠与社交生活减少和失去朋友有关（Lindgren, 1990）。部分照顾者因为照顾不得不放弃自己的重要事情，进而影响到照顾者和被照顾者之间的关系，甚至使得照顾者对被照顾者产生怨恨感。

3. 决定因素：社会环境

我们可以从三个不同方面考虑照顾者的社会环境：非正式支持、专业支持和社会文化环境。非正式支持能够满足照顾者的特定需求，并起到保护作用（Lindström et al., 2011），但是也可能会产生额外的冲突、担忧或意见分歧，此时这种资源也可能转化为更大的压力（Williams, 2016）。因此未来进一步的研究应该注重支持非正式照顾者的方式与方法，认真了解那些寻求专业支持的非正式照顾者的真实需要。社会文化环境中形成的文化规范会影响照顾者对于照顾任务的看法，有可能视照顾行为为正常过程或是一种负担，同时源自社会环境的社会孤立可能会直接或者间接地导致照顾者的倦怠（Knight and Sayegh, 2010）。基于已有研究，未来应尝试了解文化影响照顾者压力和倦怠的机制，充分剖析某种文化对特定类型照顾者（例如认知症、癌症、艾滋病照顾者）的作用。

4. 照顾评估

在非正式照顾整合模型中，所有决定因素都对照顾评估有直接影响。长期以来主观负担受到更多的学术关注，而积极评价对照顾者幸福感的正向影响，却并未得到充分的研究。长期照顾并不仅仅带来照顾者的消极体验，我们可以通过更加关注照顾者的积极评价，分析积极评价的来源、表现形式以及积极影响，并进一步思考如何通过干预，提升长期照顾中的积极体验。

5. 关系质量

以往的照顾压力模型中很少考虑照顾者与被照顾者的关系质量，但是个人成为照顾者，很大部分取决于其与被照顾者之间的关系。随着照顾过程的进展，关系质量仍然是照顾体验的核心要素。与被照顾者的关系质量由很多因素共同决定，例如照顾前的关系或依恋类型等。未来的研究应侧重于更深入地了解关系质量如何成为决定因素和照顾者倦怠之间的中介变量。如果积极的关系可以减轻非正式照顾者的部分主观负担（Steadman，2007），那么其他因素，如家庭内的不公平感或者角色的改变也可能影响照顾者对压力的主观评估。

6. 照顾的一般结果

照顾带来的一般结果是双重的：对照顾者本身和对被照顾者。对于非正式照顾者来说，照顾可能会导致身体和心理问题。一般包括：照顾者倦怠与幸福感降低、心理困扰（Kindt，2015）、较低的生活质量（Ostlund，2010）。焦虑可能是倦怠和照顾者精疲力竭的结果，但焦虑也可能导致更高的警惕性和过度照顾，从而促进倦怠的发生。未来的研究应该进一步检验照顾者倦怠对于照顾者自身生理健康产生的消极影响，以及这种影响发生的机制。

非正式照顾者的倦怠也可能对被照顾者的福祉产生直接影响

（Kindt，2015），照顾者的压力是发生身体或语言暴力的重要风险因素（Johannesen & LoGiudice，2013），甚至造成虐待行为的出现。早期研究结果表明，在正式和非正式照顾中，职业倦怠与暴力之间存在联系。未来的研究应该关注照顾者的暴力与虐待问题，以增加我们对倦怠后果的理解，防范照顾者暴力行为的发生，保护被照顾者免于虐待之苦。

7. 循环性

除了各种因素会造成照顾者倦怠以外，照顾者倦怠也将会反过来通过反馈循环产生影响，改变有关照顾者、照顾环境和社会文化环境的因素。这种循环在已有的照顾压力模型中经常被忽略，但它对于理解照顾压力如何演变至关重要。对循环中相关因素直接和间接的修改，会对照顾压力模型产生整体的影响，动态影响着照顾压力的变化。

（四）认知症照顾者的压力应对分析框架

本研究在老龄化背景下，以压力应对理论为基础，以"压力过程模型"为指导，以认知症老人及其主要家庭照顾者为研究对象，构建认知症老人及其家庭的压力过程模型分析框架，挖掘压力源（认知症老人个体因素、照顾者个体因素、家庭因素）对压力后果（认知症老人的家庭生活质量）的影响，验证社会支持和应对方式对压力后果的缓冲作用，为认知症老人构建以家庭主导的社会支持体系（见图1-2）。

对于认知症照顾者而言，其主要压力源来自被照顾者，包括认知症老人的记忆问题、行为问题、心理问题、认知问题等，以及相关人口因素。这些因素是认知症照顾者产生压力体验的主要原因。照顾者

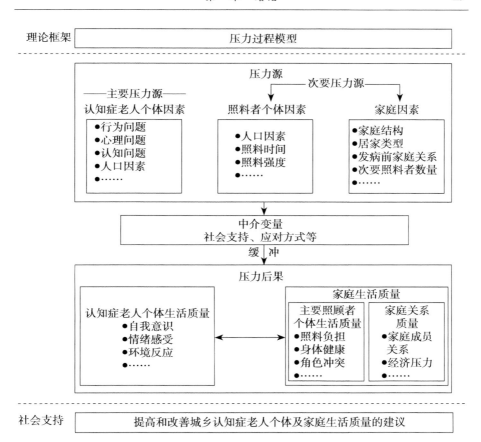

图 1-2 认知症老人个体及家庭生活质量、影响因素、社会支持和公共政策研究框架图

的次要压力源主要包括照顾者的个体因素及家庭因素。照顾者个体因素涉及人口因素、照料时间、照料强度等方面；家庭因素包括家庭结构，居家类型、发病前家庭关系、次要照顾者数量等方面。主要压力源和次要压力源共同作用于认知症照顾者，当照顾者通过认知评价发现自身的社会支持和应对方式无法回应认知症老人的照料需求时，便处于压力状态，同时伴随负面情绪体验（抑郁或照料负担过重等），引起照顾者生理、心理和社会各层面的负面感受，降低照顾者的生活质量，进而影响被照顾者的生活质量。因此，减轻负面情绪体验，对

于提升照顾者的生活质量和照料质量都至关重要。认知症家庭照顾者是否会感知到认知症带来的压力，取决于照顾者的社会支持网络和应对方式的缓冲作用。当认知症家庭拥有足够的社会支持时，个体能够对遭遇的压力源形成更加积极的评价，产生健康的情绪和行为，从而能够作出积极的应对方式。压力后果包括认知症老人个体及家庭生活质量两个层面。个体层面，认知症老人的生活质量包括其自我意识，情绪情感、环境反应、疾病认知、受虐情况等方面。家庭生活质量又包括主要照顾者个体生活质量和家庭关系质量。

在影响因素的分析中，应通过认知症老人个体与家庭生活质量的影响因素研究，把握认知症老人个体及家庭生活质量现状。结合传统文化因素，运用改进后的"阿尔兹海默症生活质量量表"（ADRQL）、国外照料负担量表（ZARIT）以及抑郁量表（CES-D），分析认知症老人和主要照顾者的个体生活质量，同时探析家庭各成员之间的关系质量及其变化情况，掌握家庭整体生活质量。挖掘认知症老人个体及家庭生活质量的影响因素，深入分析认知症老人个体生活质量与家庭生活质量间的关系。从认知症老人个体特征、主要照顾者特征及家庭特征三方面挖掘认知症老人生活质量影响因素，探析认知症老人个体生活质量与家庭生活质量之间相互影响作用以及社会支持和应对方式是否对上述关系具有中介作用（mediation effect）。

### 三、研究思路

本书首先从理论研究入手，基于对国内外认知症相关研究的归纳总结，构建适用于分析中国认知症老人个体及家庭生活质量的分析框架；其次，利用抽样调查数据和访谈资料对认知症老人个体及家庭生活质量现状进行分析；再次，结合相关理论和具体情境提出研究假设，探讨认知症老人个体及家庭生活质量影响因素；最后，在实证分析结果的基础上，通过微观实验研究、中观社区研究、宏观政策研究，做到从"家庭支持"走向"支持家庭"，为提高认知症老人个体及家庭生活质量提供建议（见图1-3）。

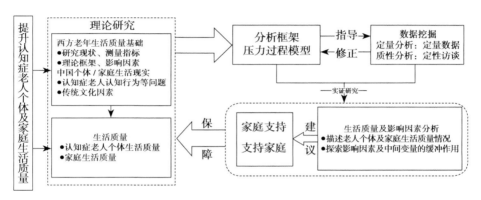

**图1-3　认知症老人生活质量、影响因素及社会支持研究途径图**

## 第五节　研究方法

本研究以定量研究方法为主、定性研究方法为辅，分为两阶段进行。第一阶段（焦点小组）：组织焦点小组进行访谈，召集轻度认知症老人、主要家庭照顾者、医护人员，深入分析认知症老人在生活、诊治等方面遇到的困难，针对家庭照料过程中存在的难题，家庭所拥有的社会资源，以及照顾者的压力应对方式进行讨论。第二阶段（问卷调查）：在社区中运用蒙特利尔认知评估量表筛查300位认知症老人，并对认知症老人的主要家庭照顾者进行问卷调查。

## 一、研究对象

本研究以认知症家庭为研究对象，调查员在湖北武汉三个城市社区招募 300 名认知症老人及其家庭照顾者参与调查，以此收集本次研究所需的横截面数据。三个城市社区分别是 QB 社区、GG 社区、HZ 社区，这些社区的老龄化程度较高，故特意选择这三个社区开展项目研究。QB 社区的人口约为 4100 人，其中大多数是来自一家国有汽车零部件制造厂的老年退休人员，他们在同一栋六层公寓楼里住了 30 多年。GG 社区大约有 5000 人，大多数居民是来自一家国有化工厂的老年退休人员，他们同样在同一栋六层公寓楼里住了 20 多年。QB 社区和 GG 社区的大多数人住在两居室公寓里。HZ 社区位于 2000 年建立的校园内，占地 6 平方公里，约有 9000 户家庭，约 24000 人。大多数居民是退休的大学教职员工及其家人，住在 12 层的现代公寓楼里，每套公寓有三四间卧室。

研究团队招募 300 对老人及其照顾者，老年人中有 146 名来自 QB 社区，74 名来自 GG 社区，80 名来自 HZ 社区。

认知症老人的纳入标准包括：

（1）年龄在 60 岁或以上；

（2）蒙特利尔认知评估量表北京版（MoCA-BJ，附录 A）总分低于 26 分；

（3）在所研究的社区生活一年以上。

认知症主要家庭照顾者的纳入标准包括：

（1）年龄在 18 岁或以上的家庭成员；

（2）直接照顾时间 ≥ 3 个月；

（3）具备正常的认知和活动能力；

（4）知情同意并自愿参与。

## 二、资料收集

研究对象招募期间，团队成员在调研的三个社区广泛发放招募宣传单，以吸引社区内符合招募条件的潜在家庭照顾者主动联系并参与我们的研究，与此同时，社区居委会协助团队发放研究对象招募海报。为最大限度吸引社区居民参与，团队成员通过社区活动与潜在的研究对象进行接触，并在他们自愿选择的社区地点和他们会面。此外，校医院还为我们团队提供患有认知症的退休教职员工名单和联系信息，这些都有助于我们招募研究对象。

为表示感谢，团队为每个参与本次调查的家庭准备一份价值25元的牙膏作为伴手礼。研究人员向参与研究的家庭照顾者宣读知情同意书，并获得他们的口头同意。社会工作专业的学生调查员两两一组，对照顾者进行问卷调查。调查开始前，为学生调查员开展一周的培训，帮助他们了解潜在研究对象的权利、研究目的、认知症基础知识、访谈认知症老人与家庭照顾者的技巧，以及专业量表的管理。每次访谈大约需要45分钟才能完成。

## 三、变量及测量工具

研究团队采用问卷调查法收集认知症老人和主要家庭照顾者的信息，为照顾者和被照顾者设计不同版本的问卷，分为"老年人认知行为能力及家庭生活质量调查问卷"的"认知症老人版"和"主要照顾者版"。正式调查开始前，研究团队对两位认知症老人及其主要照顾者进行试调查，对暴露出的各种问题不断进行修改和完善，充分保证问卷质量。

（一）认知症老人相关的变量

"认知症老人版"的问卷调查从 4 个方面进行，主要包括认知症老人的基本情况、社会经济情况、健康状况、生活质量 4 项内容。

1. 基本情况

认知症老人基本情况共设 9 项问题，内容主要包括认知症老人的性别、出生年份、户籍所在地、居住所在社区、婚姻状况、子女数量、主要照顾者类型、政治面貌以及居住情况。

2. 社会经济情况

认知症老人社会经济情况共设 6 项问题，内容主要包括认知症老人的教育程度、工作状况、家庭平均收入、生活开销困难程度、支付医疗费用困难程度以及医疗费用的支付方式。

3. 健康状况

认知症老人健康状况共设 5 项问题，内容主要包括认知症老人的疾病类型、慢性疾病状况、自评健康、认知能力测试、记忆力和行为问题状况。其中，认知能力主要从交替连线测验（1 分）、视空间技能（4 分）、命名（3 分）、记忆（不计分）、注意（6 分）、句子复述（2 分）、词语流畅性（1 分）、抽象（2 分）、延迟回忆（5 分）及定向（6 分）10 个方面进行测量，总分为 30 分，填写者各部分获得分数之和 ≥ 26 分为正常健康状况。记忆力和行为问题状况包括 24 个条目，调查过程中要求被调查者根据实际情况回答每个条目在过去一个星期内的反应频次及反应程度。反应频次中，1 代表没有发生；2 代表发生 1—2 次；3 代表发生 3—4 次；4 代表每天发生。反应程度（给您造成困扰的程度）中，1 代表有一点；2 代表中度；3 代表非常；4 代表极度。得分越高表明出现记忆和行为问题越频繁或越造成困扰。

4. 生活质量

本研究选择阿尔兹海默症生活质量测评量表（ADRQL 修订版）来评估被认知症及其他相关疾病影响的健康生活质量水平。该量表涵盖认知症患者生活质量的 5 个领域，包括：社会互动（12 项）、自我意识（8 项）、感觉和情绪（12 项）、活动享受（4 项）和对周围环境的反应（4 项）。调查过程中，请照顾者回答是否同意量表中所描述的40 项情况，0 代表"不同意"，1 代表"同意"。其中 A2、B5、B6、C项（C9 除外）、D 项、E 项为反向编码。每项内容的赋分标准都存在差异，总分范围为 0—100 分，各项目得分相加即为总分，得分越高表明认知症老人生活质量水平越高。

（二）主要家庭照顾者相关的变量

本研究采用问卷调查法收集认知症老人家庭照顾者的相关资料。为准确收集照顾者的基本信息、了解照顾者整体家庭生活状况，研究团队精心设计"老年人认知行为能力及家庭生活质量调查（主要照顾者版）"问卷。问卷调查从 4 个方面进行，主要涉及照顾者的基本情况、社会经济情况、健康状况、社会支持、生活质量等 10 项内容。

1. 基本情况

认知症老人照顾者的基本情况共设 9 项问题，内容主要包括照顾者的性别、出生年份、户籍所在地、居住所在社区、婚姻状况、子女数量、政治面貌、居住情况等。

2. 社会经济情况

认知症老人照顾者的社会经济情况共设 7 项问题，内容主要包括照顾者的教育程度、工作状况、家庭平均收入、生活开销困难程度、支付医疗费用困难程度、医疗费用支付方式、照料时长。

　　3. 健康状况

　　认知症老人照顾者健康状况测量共设 4 项问题，内容主要包括照顾者的健康状况自我评价、慢性疾病情况、日常行为能力、抑郁症状等。日常生活能力通过日常生活能力量表测量（Katz，1983），将"一天可能需要完成的活动"细分为 15 个条目，1 代表"完全能做"；2 代表"做起来有些困难"；3 代表"完全可以做"。总分范围为 15—45 分，分数越高代表日常生活能力越好。该量表在样本中的克朗巴赫 α 为 0.90，表明内部一致性较高。

　　照顾者的抑郁水平由简易版流调中心用抑郁量表（Center for Epide-miologic Studies Depression Scale，CES-D）来测量。该量表的信效度已经在中国老年人中得到验证（Boey，1999）。照顾者被要求指出以下条目在过去一周中发生的频率。

　　（1）很难集中精力做某事；

　　（2）他们感到沮丧；

　　（3）他们发现做任何事都很困难；

　　（4）他们对未来充满希望；

　　（5）他们感到害怕；

　　（6）他们睡得不好；

　　（7）他们很高兴；

　　（8）他们感到孤独；

　　（9）他们认为他们不能继续他们的生活；

　　（10）他们会担心一些小事。

　　对每个条目的回答包括：1 代表"少于 1 天"，2 代表"1—2 天"，

3 代表 "3—4 天" 和 4 代表 "5—7 天"。照顾者抑郁评分取 10 个问题得分的平均值，范围为 1（表示照顾者抑郁症状的最低水平）到 4（表示照顾者抑郁症状的最高水平）。该量表在研究样本的克隆巴赫 α 为 0.86，表明内部一致性较高。

4. 社会支持

认知症老人照顾者的社会支持状况由 6 项 Lubben 社交网络量表（Lubben et al., 2006）进行测量，该量表已被证明对测量中国老年人的非正式社会支持网络具有良好的信度和效度。该量表要求照顾者指出能够为自身提供社会支持的亲友数量和朋友数量（0 代表 "0 个"，6 代表 "9 个或以上"）。例如，您在一个月内至少见一次或者联系一次（包括打电话）的家人亲戚有几个，您可以放心和他们谈心事的家人亲戚有几个，您可以随时叫他们帮忙的家人亲戚有几个，等等。得分越高，表示其社会支持网络越强大（克隆巴赫 α =0.81）。

5. 生活质量

家庭照顾者的压力源主要来自照料负担，照料负担水平极大地影响着照顾者生活质量，因此，本研究主要通过测量照顾者的照料负担水平来反映其生活质量状况。照料负担采用由 12 个条目组成的精简版 Zarit 负担量表进行测量（Bédard et al., 2001）。该量表要求家庭照顾者回答条目中对应感受的频率（例如，"由于长时间照顾患者，你没有足够的时间留给自己"）。每个条目中，回答的对应分值 1 代表 "没有"，2 代表 "很少"，3 代表 "有时"，4 代表 "相当频繁"，5 代表 "几乎总是"。根据照顾者 12 个问题的答案计算平均值，该值即为照料负担得分情况。得分范围为 1—5 分，1 分表示照顾者负担水平最低，生活质量最好；5 分表示照顾者负担水平最高，生活质量最差（克隆巴

赫 α =0.96 )。

## 6. 积极照料感受

尽管照料一位认知受损的家人存在很多困难，但在照料家人的过程中也存在积极的照顾体验。对照顾者积极照料感受的测量量表共设11 个条目，调查过程中，询问照顾者是否同意量表中所陈述的每种情况，例如"提供的照料帮助让我觉得自己非常有用""提供的照料帮助让我自我感觉良好""提供的照料帮助让我有被需要的感觉"等。每个条目中，得分 1 代表"完全不同意"；2 代表"比较不同意"；3代表"中立"；4 代表"比较同意"；5 代表"完全同意"。总分范围为 11—55 分，得分越低表示积极照料感受越少，得分越高表示积极照料感受越多。

## 7. 对认知症的担忧程度

家庭照顾者对认知症的态度与看法也会对其自身的情绪和行为产生影响。本研究用 9 个条目来测量照顾者对认知症的看法，主要内容为照顾者对未来自身患有认知症的担忧程度。调研员询问照顾者在多大程度上同意以下 8 种说法："我很担心我没几年就会得认知症"；"我老是担心我的记忆力衰退"。"我不觉得认知症很可怕"。"如果得了认知症，我家人的压力一定很大"。"我希望有一天能够确切知道我到底会不会得认知症"；"随着年龄增加，我脑子里时常想到认知症"；"我曾经因为担心认知症，而晚上睡不着"；"我经常向医生或者其他人打听关于预防认知症的知识"；"比起其他疾病（例如高血压、糖尿病），认知症更让我担心"。得分 1 代表"完全不同意"；2 代表"大部分不同意"；3 代表"中立"；4 代表"大部分同意"；5 代表"完全同意"。总分范围为 9—45 分，分数越高，表明家庭照顾者对认知症的担忧程度越深。

8. 照顾质量

认知症老人照顾者的照顾质量主要从"生活环境"和"照顾中的挫折"两个部分进行评估。第一部分生活环境包括 14 个问题，分别从"积极环境"和"消极环境"两个方面进行测量。测量生活环境的积极方面时，照顾者被询问是否存在量表中的说法，例如："您是否准备了一些物品使他 / 她忙碌，或者提供舒适或有意义的东西（例如游戏、分类任务、杂志、照片、填充动物玩具）""您是否增加、改良或重新安排家具或物件以应对他 / 她的问题或使照顾变得更容易？"对于生活环境的消极方面的测量，照顾者会被询问"卫生间里是否有主要供他 / 她使用的扶手"、"大门是否有上锁"等问题，并通过观察进行验证。同时，调研员要观察认知症老人所使用的在主要区域中地板和通道上是否有障碍物，日常使用最频繁的房间是否专门布置，卫生间里是否有扶手，窗户是否破损或者需要维修，光线是否合适，是否有害虫和老鼠出现，是否有垃圾或者刺激性的气味。通过访谈和观察，共同判断认知症老人的物理生活环境的质量。该部分的 0 和 1 分别代表"否"和"是"。

第二部分照顾中的挫折中，通过 8 个问题测量家庭照顾者在照料过程中是否在语言、行为等方面有不正确的做法。例如，在过去的六个月内，"您是否因为他 / 她的行为而对他 / 她大喊大叫"、"您是否考虑过限制他 / 她的身体自由（比如绑在椅子上）"、"您是否用过严厉的语调和他 / 她说话"。该部分的回总分范围为 8—32 分，分数越高表示家庭照顾者的不正确言行更多。

### 9. 应对策略

照顾者的应对策略通过简短的 COPE 量表进行测量，该量表由 28 个问题组成，以评估家庭照顾者通常应对压力的 14 种不同方式（Carver，1997）。该量表是基于 Lazarus 压力模型开发的，用于测量多种压力应对策略（Carver, Scheier, Kumari, Weintraub & Sarason, 1989）。COPE 使用了以下 14 种应对策略：自我分心、积极应对、否认、药物滥用、情感支持、工具支持、行为脱离、发泄、积极重构、计划、幽默、接受、宗教和自责。每种应对策略由两个条目组成，其得分由两个条目的得分相加得出。每个条目都要求照顾者指出他们使用该应对方式的频率。例如，"我一直试图在我的宗教和精神信仰中找到安慰"。每个条目的分值 1 代表"从不"，2 代表"有时"，3 代表"经常"，4 代表"总是"。每个应对策略的得分范围为 2—8 分。

### 10. 电子健康素养

照顾者的电子健康素养量表包含 8 个条目，由中国电子健康素养量表（C-eHEALS；Chang & Schulz，2018）进行测量。照顾者被要求指出他们在多大程度上同意这 8 种说法：①我知道在网络上有哪些可利用的健康资源；②我知道在网络上哪里找到对我有帮助的健康资源；③我知道如何在网络上找到有用的健康资源；④我知道如何使用网络来回答我有关健康的问题；⑤我知道如何使用在网络上找到的健康信息来帮助我；⑥我有一些方法来评估我在网络上发现的健康信息；⑦我可以分辨出网络上高质量的健康资源和低质量的健康资源；⑧我很放心利用网络上的信息作出健康决定。回答的分值 1 代表"完全不同意"，2 代表"大部分不同意"，3 代表"既不同意也不反对"，4 代表"大部分同意"，5 代表"完全同意"。中国电子健康素养量表的得分是使用 8 个回答的平均值计算的，可能的得分范围为 1 分（表示电子健康素养的最低水平）到 5 分（表示电子健康素养的最高水平）。研究样本的克隆巴赫 α 为 0.98，表明内部一致性较高。

## 第六节　研究对象的基本信息

### 一、认知症老人基本信息的描述统计

表 1–1 显示参与调查的认知症老人的基本信息。接受调查的认知症老人基本信息特征如下：有 53.67% 是女性；平均年龄为 76.97 岁，标准差为 13.94；婚姻状况方面，已婚或已有伴侣的占比 75%；教育程度方面，大约有 47% 为高中文化水平；月收入方面，平均分为 8.85，标准差为 2.46；出现记忆和行为问题的频率为 1.35，标准差为 0.31；自评健康中，认为自身健康状况"非常差 / 差"、"一般"、"良好 / 非常好"的比例分别为 33.33%、47.00% 和 18.67%。其中，月收入的得分范围为 1—17 分，1 代表"月收入 600 元以下"，17 代表"月收入 8000 元以上"。

表 1–1　认知症老人基本信息表（N=300）

| 变量 | 均值 / 标准差 | 频次（%） |
|---|---|---|
| 女性 | | 161（53.67） |
| 年龄 | 76.97/13.94 | |
| 已婚或有伴侣 | | 225（75.00） |
| 高中文化程度 | | 141（47.00） |
| 月收入 | 8.85/2.46 | |
| 记忆和行为问题的频率 | 1.35/0.31 | |
| 自评健康 | | |

续表

| 变量 | 均值 / 标准差 | 频次（%） |
|---|---|---|
| 非常差 / 差 | | 103（33.33） |
| 一般 | | 141（47.00） |
| 良好 / 非常好 | | 56（18.67） |

## 二、家庭照顾者基本信息的描述统计

表 1-2 显示参与调查的家庭照顾者的基本信息。约有一半（49.33%）照顾者是女性；平均年龄为 57.82 岁，标准差为 13.94；婚姻情况方面，绝大多数（94.0%）已婚或拥有伴侣；文化程度方面，超过一半（59.67%）者是高中文化水平；大约有 1/5（19.67%）的照顾者有工作；月收入平均值为 8.90，标准差为 2.43；日常行为能力平均值为 2.89，标准差为 0.23；自评健康中，照顾者认为自身健康状况"非常差 / 差"、"一般"、"良好 / 非常好"的比例分别为 20.67%、45.66% 和 33.67%；就照料月数和每日照料时长而言，家庭照顾者的平均照料月数为 77.44 个（标准差为 76.61），且每日照料的平均时长为 21.69 小时（标准差为 5.37）。家庭照顾者每日照料时间较长，因为大多数照顾者与认知症患者生活在一起，并认为几乎全天都要为患者提供照料服务。大多数照顾者和被照顾者是配偶关系（69.33%），其次是才是子女关系（25.67%）。

表 1-2　家庭照顾者基本信息表（N=300）

| 变量 | 均值 / 标准差 | 频次（%） |
|---|---|---|
| 女性 | | 148（49.33） |
| 年龄 | 57.82/13.94 | |
| 已婚或有伴侣 | | 282（94.00） |

续表

| 变量 | 均值 / 标准差 | 频次（%） |
|---|---|---|
| 高中文化程度 | | 179（59.67） |
| 有工作 | | 59（19.67） |
| 月收入 | 8.90/2.43 | |
| 日常行为能力 | 2.89/0.23 | |
| 自评健康 | | |
| 　　非常差 / 差 | | 62（20.67） |
| 　　一般 | | 132（45.66） |
| 　　良好 / 非常好 | | 101（33.67） |
| 照料月份总数 | 77.44/76.61 | |
| 每日照料时长 | 21.69/5.37 | |
| 与被照顾者的关系 | | |
| 　　配偶 | | 208（69.33） |
| 　　子女 | | 77（25.67） |
| 　　其他 | | 15（5.00） |

# 第二章　认知症的流行性及社区筛查

## 第一节　认知症的界定

### 一、轻度认知障碍

（一）轻度认知障碍的概念

轻度认知障碍（mild cognitive impairment，MCI）是介于正常衰老的预期认知衰退和更严重的痴呆衰退之间的阶段。它的特点是记忆、语言、思维或判断出现问题。MCI是介于正常衰老与痴呆之间的过渡阶段，可能会增加阿尔兹海默症或其他神经系统疾病引起的痴呆症的风险。这一概念早期基于一项老化观察性研究标准，该研究以记忆损害为关注点，最初，美国著名精神科专家Petersen（1996）和他的同事将MCI定义为记忆障碍，在随后的研究中又被称为遗忘型MCI（amnestic MCI，a-MCI），1996年Petersen将其正式命名为mild cognitive impairment。近年来，MCI这一概念进一步延伸成为一个独立的疾病单元，关注范围已从记忆损害扩展到其他认知领域。MCI的病因具有很大的异质性，现有的研究指明这些病因主要有：阿尔兹海默病病理、缺血、创伤、精神障碍等（Jia et al.，2014）。

1999年，Petersen建立了MCI的诊断标准。但该标准对MCI的

诊断较为局限，主要是遗忘型 MCI 的诊断，基于此各组织又提出 MCI
的国际诊断标准，当下主要包括美国精神病学会的《美国精神障碍
诊断与统计手册》第 5 版（DSM-5）、世界卫生组织的《国际疾病分
类》第十次修订本（ICD-10）、欧洲阿尔兹海默症协会（European
Consortium on Alzheimer' Disease）标准。

（二）轻度认知障碍的类型

MCI 在临床上具有异质性，发展为痴呆的风险不同。但是目前的
研究对 MCI 的分型尚没有形成统一的标准。2003 年，国际工作组对
Petersen 提出的 MCI 诊断标准进行修订，该标准将 MCI 分为 4 个亚型，
即单认知域遗忘型 MCI（amnestic single domain）、多认知域遗忘型
MCI（amnestic multi-domain）、单认知域非遗忘型 MCI（non-amnestic
single domain）和多认知域非遗忘型 MCI（non-amnestic multiple
domain）。遗忘型 MCI，记忆丧失是主要症状，其他认知功能相对保
持完好，每年有近 10% 到 15% 的遗忘型 MCI 个体可能会发展为阿尔
兹海默症（Grundman et al.，2004）。当损伤位于记忆以外的区域时，
MCI 被称为"非遗忘型 MCI"。而非遗忘型 MCI 的个体更有可能转化
为阿尔兹海默症以外的痴呆，例如血管性痴呆或路易体痴呆（Tabert
et al.，2006）。尚未明确描述不同 MCI 亚型向特定类型痴呆的发展路
径。另外，MCI 不一定会导致痴呆，因为一些研究表明，MCI 个体认
知恢复正常的比率高于发展为痴呆的比率（Pandya et al.，2016）。一
项基于人群的研究发现，与非遗忘型 MCI 相比，遗忘型 MCI 个体的
认知恢复的可能性较低（Roberts et al.，2014）。正确识别不同亚型的
MCI 将使临床干预更有效，并促进更好的靶向治疗。2013 年，贾建
平等人根据 MCI 的病因将其分为 4 种病因亚型：MCI 前驱性阿尔兹

海默症（MCI prodromal Alzheimer disease，MCI-A）、脑血管疾病引起的 MCI（MCI resulting from cerebrovascular disease，MCI-CVD）、有血管危险因素的 MCI（MCI with vascular risk factors，MCI-VRF）和其他疾病引起的 MCI（MCI caused by other factors，MCI-O）（Jia et al.，2014）。

## 二、老年痴呆

老年痴呆（dementia）是高龄化社会威胁个体及家庭生活质量的毒瘤。老年痴呆不是一种特定的疾病，而是对记忆能力、日常生活能力、学习能力、工作能力和社会交往能力等方面受损的总称（张杰文、贾建平，2018）。虽然老年痴呆主要涉及老年人，但它不是正常老化的一部分。阿尔兹海默症是最常见的痴呆类型，其次是血管型痴呆。同时符合阿尔兹海默症和血管型痴呆的患者被诊断为混合型痴呆（mixed dementia）。其他痴呆（other dementia）包括额颞叶痴呆、路易体痴呆、帕金森痴呆，当患者既不符合阿尔兹海默症也不符合血管型痴呆的标准，但符合痴呆的标准时则被诊断为帕金森痴呆（Jia et al.，2016）。在美国精神病学会 2013 年出版的《精神疾病诊断与统计手册》第 5 版（DSM-5）中，老年痴呆被称为"神经认知障碍"（major neurocognitive disorder）。

痴呆中最常见的阿尔兹海默症是一种进行性疾病，从轻度记忆丧失开始，进而导致失语、失用、失认、视空间技能损害、执行功能障碍以及人格和行为改变等全面性痴呆。阿尔兹海默症是一种脑部病变，学界尚未完全了解导致阿尔兹海默病的原因。阿尔兹海默症最典型的危险因素是高龄，遗传也可能在阿尔兹海默病的发展中发挥作用。大型纵向研究表明，健康的生活方式可能有助于降低患阿尔兹海默病的风险。

为避免"老年痴呆"的称谓可能带来的歧视和病耻感，本研究将轻度认知障碍和老年痴呆，统称为"认知症"。我们认为认知症是一个从轻度认知障碍延续到重度老年痴呆的连续谱。近年来，越来越多的政府公文和标准化技术委员会制定的服务标准，均采用"认知症"的称谓。本书将统一采用"认知症"，涵盖"老年痴呆"和轻度认知障碍的连续谱。

## 第二节　认知症的发病率

### 一、全球认知症的患病率、发病率

认知症是全球人类所面临的共同问题。认知症"患病率"（prevalence）表示某特定时间内总人口中认知症新旧病例之和所占的比例，计算公式为（某时期内某人群中认知症新旧病例人数之和／同时期内暴露人口数）×K，K=100%、1000‰、10000/万或100000/10万等。认知症的发病率（incidence）表示在一定期间内，一定人群中认知症新发生的病例出现的频率，计算公式为（某时期内某人群中认知症新病例人数／同时期内暴露人口数）×K，K=100%、1000‰、10000/万或100000/10万等。在健康研究中，"发病率"最适合用于病因学研究，比横截面研究得出的"患病率"更为重要，不受存活因素影响，只涉及新发病例。

（一）全球轻度认知障碍的患病率、发病率

MCI常见于老年人，其患病率随年龄增长而增加。国际上有学者关注 MCI 患病率，但得出的患病率不尽相同。Hänninen 等人从随机样本的 1150 名参与者中评估了 806 名 60—76 岁的老人，使用神经病学、心理测试和结构化访谈修正临床痴呆评分，发现有 6.5% 的参与者符合 MCI 标准（Hänninen et al.，2002）。Oscar L. 等人使用包含一系列 MCI 临床表现的诊断标准，报告 MCI 的患病率为 19%（2470 名参与者中的 465 名）；75 岁以下参与者的患病率为 19%，85 岁以上参与者的患病率为 29%。匹兹堡中心 MCI 的总体患病率为 22%（599 名参与者中的 130 名）；遗忘型 MCI 的患病率为 6%（Lopez et al.，2003）。

在世界范围内，由于研究者在诊断标准、计算方法、使用评估工具及样本人群构成等方面存在差异，导致有关 MCI 发病率的报告有限且差异较大。综合 Bischlzopf、Tevo、Luck 等众多研究者的结果，大致可以估计 MCI 年发病率为 0.8%—7.7%，Ravaglia 等（2008）以认知检测成绩低于年龄和教育匹配对照组的 1.5 个标准差为筛查标准，发现在意大利老人中 MCI 的 4 年累积发病率[①]为 22.6%。

MCI 是老年痴呆的高危因素之一，患 MCI 的老人平均每年约有 12% 转化为痴呆（Petersen，2007），在另一项研究中发现 MCI 向痴呆的转化率平均达 27.4%，其中阿尔兹海默症为 15.6%，MCI 向痴呆的转化率平均每三年高达 50%，而非 MCI 人群仅 21%，这远远高于正常老人（贾建平等，2011）。

（二）全球老年痴呆的患病率、发病率

据统计，全球每 3 秒钟就将有 1 例老年痴呆患者产生。2018 年，全球约有 5000 万人患有老年痴呆，老年痴呆病例每年新增近 1000 万，

---

① 累积发病率指已知无某种疾病的人群，经过一段特定的观察期（超过一年）之后，发生某病的频率。分子是在某一特定观察期内发生的某病新病例数。分母是观察开始时的暴露人数。

到 2050 年，老年痴呆病例预计是当前的三倍。[①]全球老年痴呆症的合并发病率为 17.18/1000 人 / 年，年发病率是 52.85/1000 人 / 年（Fiest et al.，2016）。

西方国家 60% 左右的老年痴呆患者为阿尔兹海默症患者，患病率在 20 世纪 80 年代为 0.07%—0.46%，20 世纪 90 年代达到 2.9%，2000 年达到 4.2%。美国 2012 年老年痴呆的患病率为 8.8%，少于 2000 年 11.6% 的患病率，这种下降趋势与美国教育水平的不断提升有一定程度的联系（Langa et al.，2017）。而在日本，根据推算，2012 年 65 岁及以上老年人口中患老年痴呆的达到 462 万人，占老年人口数 15%；预计到 2025 年将达到约 700 万人，约占老年人口数 20%；2060 年将达到 1154 万人，约占老年人口数 33.3%（陈祥，2020）。

## 二、中国认知症的患病率、发病率

（一）中国轻度认知障碍的患病率、发病率

在我国，中国 60 岁以上老年人 MCI 患病率为 15%（Xueet al.，2018）。65 岁以上老人 MCI 的粗患病率大约为 20.8%（95%CI=20.0%–21.6%），且农村老人 MCI 的患病率要高于城市老人，其中农村老人的 MCI 患病率在 25.1% 左右（95%CI=23.8%–26.4%），城市老人的 MCI 患病率在 17.9% 左右（95%CI=16.9%–18.8%）。进一步的病因亚型研究发现，与血管相关的 MCI 亚型（MCI–CVD 和 MCI–VRF）最为常见，患有 MCI 的中国老人数量超过 3000 万，大多没有经过诊断或治疗（Jia et al.，2014）。

---

① 世界阿尔兹海默症 2018 年报告。

在 MCI 发病率研究中，朱紫青等人使用 MMSE 量表得分低于参照组 1.5 个标准差作为 MCI 筛查标准，发现 5 年累积发病率为 5.05%（朱紫青、李春波、张明园，2001）。而禚传君等人对北京城乡社区的研究结果表明 MCI 的 5 年累积发病率为 10.38%，平均年发病率为 2.17%（禚传君等，2012）。

国内外关于 MCI 的患病率研究虽各有差异，但仍可以看出整体的趋势是 MCI 在年龄较大和受教育程度较低的人群中更为普遍，这也要求我们对于高龄老人尤其是低教育水平的高龄老人的健康状况更为关注。

（二）中国老年痴呆的患病率、发病率

根据流行病学调查结果显示，截至 2020 年，中国大约有 1625 万名老年痴呆患者，2050 年人数将增加至近 4900 万名，是世界上老年痴呆患者最多的国家。老年痴呆的患病率与年龄的增长有关，随着我国老龄化、高龄化程度的加深，老年痴呆的患病率呈现出逐年增加的趋势（Li et al.，2021）。相关研究预测到 2030 年，我国 60 岁以上老年痴呆人口是 2010 年的 2.8 倍。70—74 岁患病总人数在 2030 年有所下降（杨嘉敏、刘华、张冬英，2017）。中国老年痴呆患者大约有七成到八成，没有得到很好的治疗（Jia et al.，2016；Jia et al.，2020）。

在另一项流行病学研究中，研究者通过对 1990—2010 年有关老年痴呆的前瞻性研究进行回顾并估算出我国老年痴呆的发病率。60 岁以上的人中老年痴呆的发生率为 9.87 例 /1000 人 / 年。其中，阿尔兹海默症的发病率为 6.25 例 /1000 人 / 年，血管性认知症的发病率为 2.42 例 /1000 人 / 年，其他类型老年痴呆（如额颞叶老年痴呆、路易斯体老年痴呆）的发病率为 0.46 例 /1000 人 / 年（Chan et al.，2013）。

# 第三节　认知症的社区筛查工具

## 一、简易智力状态评估量表

简易智力状态评估量表（Mini-cog）是一种用于认知症初筛的评估工具，由 Borson 和 Scanlan 等学者于 2000 年设计，是用于初步筛查认知症的工具。量表由接受过专业培训的评估者对被试者进行评估，属于他评量表，整个评估耗时约 3—5 分钟。已有研究表明 Mini-cog 灵敏度[①]为 76%—99%，特异度[②]为 89%—93%（Borson et al.，2003）。

Mini-cog（见附录 B）共由两部分构成，第一部分为 3 个无关联词语的"记忆—回忆"测试，第二部分为画钟测试。计分方法为，3 个词语测试中每回答一个正确词语得 1 分，画钟测试包括 12 个数字完整，数字排列在正确的位置，指针指向 11 和 2（代表时间为 11：10），完全正确得 2 分，有一处错误或完全错误均得 0 分。总分最低为 0 分，最高为 5 分，0—2 分为认知障碍，3—5 分为认知正常。

Mini-cog 具有不受教育、文化、语言影响的优点，评估者经过短期训练就可以准确使用，评价时间短、有效性高，具有较大的临床价值。

## 二、简易精神状态检查量表

简易精神状态检查量表（Mini-mental Status Examination，MMSE）由 Folstein（1975）等人设计，是国际上最具影响、最普及的认知障

---

① 灵敏度是评价标准化检查方法的重要效度指标。临床灵敏度可用来衡量某种试验检测出有病者的能力，灵敏度是将实际有病的人正确地判定为真阳性的比例。

② 特异度是评价标准化检查方法的重要效度指标。临床特异度是衡量试验正确地判定无病者的能力，特异度是将实际无病的人正确地判定为真阴性的比例。

碍筛查工具之一，已被翻译成不同语言版本，并广泛应用于相关疾病的认知检查及流行病学调查。量表由接受过专业培训的评估者对被试者进行评估，属于他评量表，整个评估耗时约 5—10 分钟。其时间重测信度为 0.80—0.99，评定者重测信度为 0.95—1.00，筛查的灵敏度大多为 80%—90%，特异度大多为 70%—80%（闵宝权、贾建平，2004）。

MMSE（见附录 C）包括视结构（1 分）、语言（8 分）、即刻记忆（3 分）、延迟记忆（3 分）、注意力和计算（5 分）、时间定向力（5 分）、空间定向力（5 分）等 7 个方面，共计 30 个题目，每个问题回答正确则记 1 分，总分为 30 分，临界值为 17 分，得分 ≥ 24 分为正常值，得分越高说明认知功能越好。

MMSE 的优点包括易于理解，评分标准明确，评估人员经过短暂培训即可掌握，可操作性强，加之其耗时较短，在评估过程中易获得被试者的配合。但是 MMSE 得分易受被试者年龄和教育水平等因素的影响，年龄较大、教育水平较低的被试者 MMSE 得分相对较低，教育水平较高的老人有可能出现假阴性，而对教育水平较低的老人可能出现假阳性，因此其更适用于低教育水平人群初筛后的认知评估。此外，作为认知功能减退的随访工具不够敏感，关于注意力、记忆力、结构模仿的条目也并不能很好的体现相应的认知领域表现，对于发现 MCI 和复杂认知障碍的敏感度比较差，缺乏一定的代表性（周小炫等，2016；闵宝权、贾建平，2004）。

## 三、蒙特利尔认知评估量表

蒙特利尔认知评估量表（Montreal Cognitive Assessment，MoCA）由加拿大学者 Nasreddine 等人（2005）根据临床经验并参考 MMSE

的认知条目和评分而制定，是用于快速筛查 MCI 的评定工具。该量表适用于初中及以上人群初筛后进行评估，由接受过专业培训的评估者对被试者进行评估，属于他评量表，整个评估耗时约 10 分钟。Nasreddine 研究发现当 MoCA 分界值设定为 26 分时，其检出 MCI 和轻度痴呆的敏感性分别为 90% 和 100%（Nasreddine et al.，2005）。

MoCA 共包括计算（3 分）、注意力（3 分）、执行（3 分）、记忆（6 分）、视结构（4 分）、语言（5 分）、时间定向力（4 分）、空间定向力（2 分）等 8 个方面，总分为 30 分，正常值 ≥ 26 分，如研究对象受教育年限小于或等于 12 年，则加 1 分来校正受教育程度的偏倚，得分越高说明认知功能越好（陈赟等，2019；郑莉莎、赵婧，2016）。

MoCA 能够快捷、全面地评估认知功能，对 MCI 的灵敏度和特异度高，能全面实现 MCI 患者认知损害领域的筛查（刘雪琴、张立秀，2008）。与 MMSE 相比，MoCA 量表篇幅较长，更加强调了对执行功能（executive function）和注意力的认知评估。

下面我们着重介绍 MoCA 量表的两个版本，MoCA 基础版 The MoCA–Basic（MoCA–B）和 MoCA 北京版。

（一）MoCA 基础版

MoCA 最初在接受过大约 13 年正规教育的样本中得到验证。MoCA 的若干子测试涉及研究对象的教育水平和识字水平，这些可能会影响测量结果，因此，当文盲或教育水平低的人在实际填写量表表现不佳时，可能会导致测量不准确（Julayanont et al.，2015）。类似的教育偏见也可以在其他地方被发现，例如被广泛使用的衡量整体认知功能的简易精神状态检查量表（MMSE），由于教育和读写能力可能影响认知测试的表现，在筛查这些群体是否为 MCI 时，将认知症与正常衰老分辨出来仍然具有挑战性。

在文盲和受教育程度低的人群中准确、有效地筛查 MCI 就变为一个重要问题。根据 2011 年联合国教育、科学及文化组织的一项大型调查显示，估计全球约有 16% 的人口（即 7.73 亿成年人）为文盲。MoCA–Basic（MoCA–B）的开发就是为了方便在文盲和受教育程度低的个体中检测 MCI。在设计 MoCA–B 时考虑以下几个特点，以优化其在受教育程度低的个体中检测 MCI 的能力。识字依赖型任务被删除，例如，一个水果流畅性任务取代字母 F 流畅性任务来测量词汇存储和心理灵活性，以及颞叶和额叶功能的能力。通过将字母—数字轨迹更改为数字—圆点轨迹简化路径测试（Trail Making Test），但仍然评估计划和心理灵活性，其中涉及额叶回路。众所周知，受教育影响很大的任务，包括绘制时钟和立方体复制被删除，因为其需要规划、构建技能和三维感知能力，而评估视觉感知技能的叠加物体识别任务则被取代。描述与日常生活相关的场景的问题解决任务取代序列计算。抽象和相似度任务使用成对单词来进行调整，这评估个体的抽象思维。最后，纳入有关动物的更多细节以促进识别，简化动物命名任务，因为相比于单词生成，识字对识别过程的影响更大。

MoCA–B 具有良好的效度，并通过准确筛查受教育程度较低的老年人的 MCI（无论是否识字），消除教育和读写能力对认知筛查的影响。MoCA–B 测试满分 30 分，评估 6 个认知领域：视觉知觉（叠加物体，3分）、执行功能（简化交替路径测试，1 分；单词相似度，3 分；解决问题的任务，3 分），语言（水果流利，2 分；动物命名，4 分），注意力（3 分）、记忆（5 个单词延迟回忆，5 分）、定向（时间和地点，6 分）。MoCA–B 由 Z. Nasreddine 设计，可免费提供泰语、英语、汉语和法语版本的临床使用（具体量表请见 MoCA 官方网站 http://www.mocatest.org/）。

（二）北京版 MoCA

MoCA 共有 5 个中文版，分别为北京版、长沙版、广东版、香港版和台湾版（各版本的具体测试形式和说明可在 MoCA 官方网站 http://www.mocatest.org/ 上查阅）。在这些版本中，主要在以下方面有一些细微的变化：使用语言（如普通话和粤语）、路径测试（Trail Making Test）任务中使用的刺激物上（例如，阿拉伯数字与"甲乙丙丁"的交替连线测试、颜色测试等）、在语言流畅性任务中使用的语义类别（即动物和蔬菜），以及具体的文字和图片分别用于延迟记忆和命名任务。中国大陆使用最广泛的 MoCA 版本是北京版（MoCA-BJ）（Jing，Li and Huang，2012）。

本研究中使用的北京版 MoCA（The Beijing version of MoCA，MoCA-BJ）是 MoCA 的 5 个中文版本之一，在之前的临床人群研究中已翻译并使用。用于检查 7 个认知领域（即视觉空间/执行功能、命名、注意、抽象、语言、延迟记忆和方向）的项目是按字面翻译的，除了以下修改。

1. 视觉空间/执行功能领域

英文字母替换为汉字（甲/乙/丙/丁/戊），与英文"A/B/C/D/E"具有相同的顺序含义。

2. 注意领域

使用阿拉伯数字代替英文字母。

3. 语言领域

在语言流利性任务中，要求参与者生成以字母 F 开头的单词的音位流利性任务，该任务被语义流利性任务取代——"在 60 秒内尽可能快、尽可能多地说出您所知道的动物的名称"。

# 第三章 认知症老人的生活质量

## 第一节 生活质量的定义及测量

### 一、一般生活质量的定义及测量

（一）定义

生活质量（Quality of Life，QOL），也可称之为生存质量或生命质量。这一概念最早出现在 1958 年，由美国经济学家 John Kenneth Galbraith 在其所著的《富裕社会》提出。随后，从美国学者开始，世界各国对生活质量进行研究探讨，生活质量逐渐成为一个专门的研究领域。20 世纪 80 年代初，中国开始结合国情对生活质量的概念及其指标体系等相关问题进行研究。

国内外研究者对于生活质量的理解各有不同，但在众多定义中有一种共识是达成的，即生活质量是用来全面评价生活优劣的概念，是对人们生活各个方面的评价和总结（詹天庠、陈义平，1997）。本书认为，生活质量既包括反映人们生活状况的客观条件，也包括人们对生活状况的主观感受。生活质量的高低反映了国民生活的丰裕程度和国民生活需求的满足程度（风笑天，2007；邬沧萍，2002）。总而言之，生活质量的提出是经济发展、社会全面进步和社会民主法治建设的结果，是可持续发展中"以人为本"的具体表现。

（二）测量

生活质量既包含客观条件，又包含主观评价，因而，在对生活质量进行全面测量和评估时，应该既有反映生活条件的客观指标，又有反映人们满意程度的主观指标。本文将介绍世界卫生组织研制的常用于测量生活质量的量表。

1. 世界卫生组织生活质量量表

1995 年世界卫生组织认为，对生活质量的评价不应脱离个体的文化和价值体系，应联系个体的目标、期望、标准和所关心的事情，是个体对自身地位（position）的评价。据此，世界卫生组织研制生活质量量表（WHOQOL-100），测量不同文化中的生活质量状况。该量表包含 100 个条目，覆盖与生活质量有关的 6 个领域的 24 个维度，包含个体的生理健康、心理状态、独立能力、社会关系、个人的精神或信仰和与周围环境的关系。另外，该量表还考察有关"一般健康状况和生活质量"的 4 个问题，这 4 个问题的总分作为评价生活质量的一个指标。各领域及"一般健康状况和生活质量"指标评分越高，表明生活质量越好（宋爱芹等，2007）。该量表具有可适用范围广，跨文化性、有效性和响应性等优点。截至 2018 年，WHOQOL-100 已被翻译成 29 个语言版本在世界各地使用。

中山大学为首的研制小组结合中国国情，在 WHOQOL-100 量表的基础上编制该量表的中文版。该量表包含 103 个问题，除英文版原有 6 个领域的 24 个维度，以及关于"一般健康状况和生活质量"的 4 个问题外，另有 3 个问题是中文版所特有的（见表 3-1）。在量表的 6 个领域中克隆巴赫 α 系数以生理健康领域最低（0.4169），环境领域最高（0.9323）；除独立能力领域为 0.571 外，其他均高于 0.7000。在量表的 24 个生存质量维度，行动能力维度最低（0.3816），对药物及医疗手段的依赖性维度最高（0.9034），其他维度均大于 0.6500。中文版具有良好的信效度，是一份较好的用于测量中国人生活质量的量表，可以广泛应用于社会科学、医学等领域（方积乾、郝元涛、李彩霞，1999）。

表 3-1　WHOQOL-100 中文版量表的各领域

| 1. 生理领域 | • 痛苦与难受 |
|---|---|
| | • 活力与疲惫 |
| | • 睡觉与休息 |
| 2. 心理领域 | • 乐观感受 |
| | • 思维、学习、记忆和集中力 |
| | • 自尊心 |
| | • 容貌与身材 |
| | • 悲观感受 |
| 3. 独立性领域 | • 活动能力 |
| | • 日常生活行动能力 |
| | • 对医疗手段及药物的依赖性 |
| | • 工作能力 |
| 4. 社交关系领域 | • 个体关系 |
| | • 个体对社会支持网络的满意程度 |
| | • 性生活 |
| 5. 社会环境维度 | • 人身安全保障 |
| | • 住房环境 |
| | • 收入来源 |
| | • 社会保障与医疗资源 |
| | • 获取新信息、知识、技能的途径 |

续表

| 5. 社会环境维度 | • 参与休闲娱乐活动的机会与频率 |
| | • 环境条件 |
| | • 交通状况 |
| 6. 精神支柱 / 宗教 / 个人信仰 | • 精神支柱 / 宗教 / 个人信仰 |

2. 世界卫生组织生活质量测定量表的简表

虽然 WHOQOL-100 能够详细地测量出与生活质量有关的各个方面，但由于其涉及问题条目较多，存在测评耗时长、工作量大等问题，基于此，世界卫生组织在 WHOQOL-100 的基础上设计"世界卫生组织生活质量测定量表简表"（World Health Organization Quality of Life-100，WHOQOL-BREF）。简表保留 WHOQOL-100 的全面性，涉及生理维度、心理维度、社会关系维度、环境维度等 4 个维度，共有26 个条目。由李克特五级量表进行评分（1= 很差，5= 很好），总体得分为所有条目相加之和，得分在 26—130 分之间，得分越高表明个体的综合生活质量评价越好，各维度得分越高，表明该研究对象在该领域的状态越好。

世界卫生组织生存质量研究小组（1998）对来自 18 个国家和地区的 20 个研究中心的数据进行分析，对简表进行信度、效度等计量心理指标考核，研究显示 WHOQOL-BREF 量表信效度检验表现良好，4 个维度的克隆巴赫 α 系数为 0.66—0.84 之间，内部一致性较好，且具有良好的重测信度、区分效度和结构效度。WHOQOL-BREF 在各个维度的得分水平上均能够替代 WHOQOL-100，是一种方便、快捷的跨文化生活质量测量工具。在将来的研究中测量生活质量，应综合考虑量表的长度和详细程度。

WHOQOL-100 和 WHOQOL-BREF 已经被翻译成多国语言，中文版得到量表原作者们的承认，并已于 1999 年 12 月由中国卫生部确认该中文版为国内的行业标准。

## 二、健康相关生活质量的定义及测量

（一）定义

"健康相关生活质量"（Health-related QOL，HRQOL）是 2017 年公布的专业术语，是指生活质量中最易受各种疾病影响的方面，主要是除经济、环境条件以外，个人在生理、心理、精神、社会和个人角色功能等多方面功能的综合反映，其含义是多维、主观的，对临床、伦理和健康决策都具有重要意义（蔡善荣，1999）。随着人们健康意识的增强以及医疗水平的快速发展，优质的生活质量已成为人们追求健康的最终标准。健康相关生活质量提倡"身、心、社、灵"四位一体的全人健康理念，是医疗服务从"生物医学模式"向"生物—心理—社会医学模式"转变的哲学突破。现代医学模式不仅注重生存期，也重视生存的质量，人们不仅关注生命的长度，更关注生命的质量，不仅注重躯体疾病和病痛，更强调心理和社会行为功能的重要性。"健康相关生活质量"概念的提出，是现代医学模式哲学理念的重要体现。

（二）测量

健康调查简表（The MOS 36-Item Short Form Health Survey，SF-36），是在 1992 年 Ware 等学者发展的健康评价量表。最初用在医疗结果研究（medical outcome study）中，综合地评价健康状况。现在一般用于 14 岁以上的人群调查，或用于评价健康政策，也被用于临床实践研究和某类疾病的结果研究。

SF-36 包括 8 个维度：①因健康问题而导致的身体活动受限；②因健康问题而导致的社交活动受限；③因健康问题而导致的日常角色活动受限；④身体疼痛；⑤心理健康状况（心理困扰和幸福感）；⑥因情绪问题而导致的日常角色活动受限；⑦生命活力（精力和疲劳）；⑧一般健康观念。上述 8 个维度又进一步划分为两类：生理健康评价和精神健康评价。此外，SF-36 单列一个条目让调查对象自评，与 1 年前的健康相比，自身的健康变化情况。该条目未被纳入分量表或总量表计分，动态地反映健康的动态变化情况。

SF-36 既可以用于自评也可以用于他评。完成整个测评大概需要 5—10 分钟，老人可能需要更多的时间。各条目有不同的权重，各维度得分加总之后，转换为 0—100 的标准分，得分越高代表健康相关生活质量越好。大量的研究表明 SF-36 的 8 个领域的分量表分布合理，克隆巴赫 α 系数的中位数超过 0.80（除 2 个条目的社交功能量表为 0.76 外），可以将患有单纯慢性躯体疾病和伴有心理问题的躯体疾病区别开来，说明该量表具有良好的信度和效度（李春波、何燕玲，2002）。

1991 年，浙江大学医学院社会医学教研室编制中文版的 SF-36，中文版在尊重原量表的基础上，根据中国国情对个别条目作出修正。比如在躯体功能维度，"使用真空吸尘器"、"打保龄球、高尔夫球"在中国不是普及的活动，中文版对该部分进行适当的修改，更换为"拖地板"、"打太极拳"。SF-36 的中文版具有较好的信度和效度，适合在中国人群中使用（李鲁、王红妹、沈毅，2002）。

## 三、认知症老人生活质量的定义及测量

中国政府宣布"健康中国 2030"计划，将在 2030 年建立一个惠

及所有中国老年人的综合养老服务体系，该计划也强调了认知症老年人的生活质量，因此，亟须检讨、协商及修订现有的老龄服务体系，以更好地服务这一特殊老年群体的需要。

为了更好地捕捉阿尔兹海默症和相关痴呆症（Alzheimer's Disease and Related Dementias，ADRD）的症状、进展和损伤，研究者展开认知症老人生活质量研究，并研究其与基本人口信息、认知状况、精神因素的相关性。西方国家从 20 世纪 90 年代开始，就把提高生活质量当作是照料认知症患者的基本目标（Rabins and Kasper，1997）。虽然它的测量受到患者情感障碍、认知障碍、现实扭曲（Katschnig，1997）和病情中生活质量动态变化的挑战，研究人员开发了一种综合的替代评分量表：阿尔兹海默症相关生活质量量表（the Alzheimer's Disease-related Quality of Life，ADRQL）。本部分将介绍阿尔兹海默症相关生活质量的定义以及相应的测量工具。

（一）定义

阿尔兹海默症相关生活质量是指痴呆患者尤其是 AD 患者对以下 4 点的主观体验和评估的结果：心理健康、能力水平（社会、身体和认知）、与环境的交互以及疾病有关的个人情况（León-Salas et al.，2011）。对于老年人来说，生活质量是一个复杂的概念，它涉及个人幸福、生活满意度和自尊，与实现目标、接受照顾和对自己生活的控制有关。在认知症的背景下，生活质量被进一步操作化，通常涉及个人生活的 4 个领域，包括社会、环境、健康、精神和情感状态（Lyketsos et al.，2003）。从实际的角度来看，有两种方法可以衡量认知症患者的生活质量，即：直接由患者感知的生活质量、最亲近的人所感知的生活质量。

（二）测量

1. 阿尔兹海默症相关生活质量量表

（1）定义

阿尔兹海默症相关生活质量量表（the Alzheimer's Disease-related Quality of Life Scale，ADRQL，附录 D）是一种综合的替代评分量表。它适用于评估从轻度认知障碍到晚期痴呆患者的生活质量，并已在西方国家被频繁使用，如美国、比利时、西班牙和希腊。第一版的 ADRQL 提供 47 个条目，而修订后的 ADRQL 在第一版基础之上体现出心理测量特性分析的变化，共包含 40 个条目。（Black，Rabins and Kasper，2009）修订后的 ADRQL 涵盖认知症患者生活质量的 5 个领域，包括"社会互动"（12 个条目）、"自我意识"（8 个条目）、"感觉和情绪"（12 个条目）、"享受活动"（4 个条目）和"对环境的反应"（4 个条目）。照顾者被问及他们是否同意这 40 条陈述的出现。每个条目的权重不同，总分为 0—100 的百分比分数，得分越高表示与健康相关的生活质量水平越高（Gao et al.，2021）。

（2）计分方式

计算 ADRQL 各领域得分和总体 ADRQL 分数依赖于理解以下（见表 3-2）术语。

表 3-2　ADRQL 量表相关术语

| 条目 | ADRQL 中的 40 个有编号的语句被称为一个条目。例如，"他 / 她在周围的人面前微笑或大笑"是社交互动领域的第一个条目。 |
|---|---|
| 领域 | ADRQL 包括 5 个领域："社会互动""自我意识""感觉和情绪""享受活动"和"对环境的反应"。每个领域由若干 ADRQL 条目组成。 |

续表

| 量表值 | 每个条目都有一个量表值，代表条目在评分中的权重。例如，如果照顾者对该条目的回答是"同意"，"他/她在周围的人面前微笑或大笑"，则该条目的量表值为 12.78（见表 3-3A1）。 |
|---|---|
| 最大总量表值 | 反映良好生活质量的所有回答的总和是总量表值的最大值。例如，如果照顾者对条目 1 回答"同意"，对条目 2、3、4 回答"不同意"，则在"享受活动"领域（见表 3-3D）的总量表值为 44.18。 |

　　ADRQL 会根据分配给每个条目的量表值进行评分，为每个反映生活质量的回答分配一个刻度值（四舍五入到小数点后两位）。对反映生活质量的消极回答赋值为 0。因为 ADRQL 中既包括积极的条目，也包括消极的条目，反映良好生活质量的反应有时用"同意"回应，有时则用"不同意"回应。例如，如果照顾者对某件事的回答是"同意"，"他/她在周围的人面前微笑或大笑，"这个回答反映了良好的生活质量；而回答"不同意"则意味着不良的生活质量。对于"他/她不在意别人的存在"这句话，"不同意"反映了良好的生活质量，而"同意"则相反。表 3-3 列出分配给这 5 个领域中每个条目回答的量表值。

表 3-3　ADRQL 量表各条目的量表值

| 领域和条目 | | 量表值 | |
|---|---|---|---|
| | | 同意 | 不同意 |
| A. 社会互动 | | | |
| A1. | 和其他人在一起的时候会笑或大笑 | 12.78 | 0 |
| A2. | 不会注意到他人的存在 | 0 | 11.12 |
| A3. | 愿意待在其他人周围 | 11.25 | 0 |
| A4. | 寻求与他人的联系 | 10.81 | 0 |
| A5. | 与他人交谈 | 12.58 | 0 |
| A6. | 接触别人或者允许别人的身体接触 | 11.70 | 0 |
| A7. | 可以被其他人安慰或者安抚 | 11.81 | 0 |

续表

| 领域和条目 | | 量表值 | |
|---|---|---|---|
| | | 同意 | 不同意 |
| A8. | 开心地对待宠物或者小动物 | 12.82 | 0 |
| A9. | 微笑、大笑或者很愉快 | 13.75 | 0 |
| A10. | 表现出喜悦的神情 | 13.30 | 0 |
| A11. | 展现自我幽默 | 13.32 | 0 |
| A12. | 能安静地坐着并享受和其他人一起的活动 | 12.43 | 0 |
| | | | |
| **B. 自我意识** | | | |
| B1. | 谈论以前的工作 | 12.79 | 0 |
| B2. | 意识到自己在家庭中的角色 / 地位 | 12.69 | 0 |
| B3. | 能够作出或表达自己的选择 | 12.98 | 0 |
| B4. | 表现对过去的事件的兴趣 | 12.79 | 0 |
| B5. | 对自己的名字没有反应 | 0 | 12.70 |
| B6. | 不表达想法或态度 | 0 | 11.00 |
| B7. | 能在电话中与人交流 | 10.11 | 0 |
| B8. | 享受所拥有的财物 | 11.67 | 0 |
| | | | |
| **C. 感觉和情绪** | | | |
| C1. | 挤压 / 扭曲手 | 0 | 10.90 |
| C2. | 扔、击打、踢或者撞击物体 | 0 | 12.87 |
| C3. | 大喊大叫、谩骂或大声指责他人 | 0 | 12.63 |
| C4. | 把自己锁在房间中 / 与他人隔绝开 | 0 | 13.20 |
| C5. | 易怒 / 容易生气 | 0 | 11.18 |
| C6. | 哭泣、高声嚎叫或皱眉 | 0 | 11.85 |
| C7. | 紧张、焦虑不安 | 0 | 11.85 |
| C8. | 拒绝他人帮助 | 0 | 10.13 |
| C9. | 看起来满足、满意 | 12.82 | 0 |
| C10. | 被其他人接近的时候不安或生气 | 0 | 11.57 |
| C11. | 推打、抓挠他人 | 0 | 12.71 |

续表

| 领域和条目 | | 量表值 | |
|---|---|---|---|
| | | 同意 | 不同意 |
| C12. | 在家中感到不安 | 0 | 10.68 |
| | | | |
| **D. 享受活动** | | | |
| D1. | 喜欢自己一个人活动 | 11.80 | 0 |
| D2. | 不参加活动 | 0 | 10.46 |
| D3. | 没有表现出任何愉快和享受的意思 | 0 | 10.37 |
| D4. | 打瞌睡或者大部分时间都没有做什么事情 | 0 | 11.55 |
| | | | |
| **E. 对环境的反应** | | | |
| E1. | 谈论不安的感受 | 0 | 9.78 |
| E2. | 身处陌生环境而不安 | 0 | 9.15 |
| E3. | 表达出想要逃离现有环境 | 0 | 9.57 |
| E4. | 说出想要结束生命 | 0 | 13.51 |

总体 ADRQL 量表和每个领域的分数都可以被计算。在任何情况下，分数越高代表生活质量就越高。以下为计分步骤。

步骤一：将分配给各领域中各个条目回答的量表值相加，为每个领域打分。

步骤二：将步骤一所得的总分除以领域的最大总量表值。

步骤三：将步骤二中的结果（或商）乘以 100，获得 0 到 100 之间的百分比分数。

计算 ADRQL 的总体得分，要将量表中 40 个条目分配给各回答的量表值相加，然后除以总体 ADRQL 的总量表值的最大值，再将商乘以 100 得到百分比分数。表 3-4 列出了 5 个 ADRQL 领域的最大总量表值，以及应该作为计算量表得分的分母的总体 ADRQL 值。

表 3–4　ADRQL 量表各领域最大总量表值

| 各领域和 ADRQL 的总体值 | 最大总量表值[a] |
|---|---|
| A. 社会互动 | 147.67 |
| B. 自我意识 | 95.73 |
| C. 感觉和情绪 | 142.39 |
| D. 享受活动 | 44.18 |
| E. 对环境的反应 | 42.01 |
| ADRQL 的总体值 | 472.98 |

注：a. 最大总量表值由反映良好生命质量的所有条目的总和得出。

　　尽管调查者会尽最大努力获得对所有条目的回答，但一些受访者可能无法对量表的一个或多个条目作出反应。例如，一个正式的照顾者可能无法对这个问题作出回应，"他 / 她没有表达他 / 她一直拥有的信念或态度，因为照顾者在病人生病之前对他一无所知"。在这种情况下，如果照顾者不能以同意或不同意回答，调查者应将该条目留空，并修改评分程序，以调整这些缺失的数据。

　　若要在缺少一个或多个条目时对 ADRQL 进行评分，则需要从最大总量表值中减去每个条目的量表值（见表 3–3）。在上述计分步骤的第二步中，应使用修改后的最大总量表值作为分母。例如，如果缺少对"自我意识"领域第 7 条（即能在电话中与人交流）的回答，则"自我意识"领域修改后的最大总量表值为 86.62（即 96.73–10.11=86.62）。因此，在评分程序的第二步中，缺失条目的量表值被排除在分子和分母之外。步骤一和步骤三应该按照上面的介绍进行，不作任何修改。

### （3）信效度检验

　　ADRQL 的被调查者可以是认知症患者的正式或非正式的照顾者，

该量表可以测量行为干预、环境改善和药物治疗的有效性。然而，这一重要的替代评分量表从未在中国大陆使用或验证过。

为了验证 ADRQL 在中国大陆的使用效果，本研究团队近期在中国武汉进行相关的信效度评估研究，研究结果表明修订后的 ADRQL 在中国大陆认知症患者中具有可接受的信度和效度，可用于评估中国大陆该人群的生活质量。

研究团队采用克隆巴赫 α 系数和库德－理查逊 KR-20 公式（Kuder-Richardson Formula 20）检验总表和分量表的内部一致性信度；用验证性因素分析（CFA）、异性状—单性状比（Heterotrait-Monotrait, HTMT）、独立 t 检验和卡方检验来测量量表的因子效度（factorial validity）、区分效度和共时效度。

克隆巴赫 α 系数和 KR-20 用于对每个分量表和整个量表进行评估以评定量表的内部一致性。克隆巴赫 α 系数或 KR-20 大于 0.7 表明量表具有可接受的内部一致性或可靠性。

为评估 ADRQL 的效度，首先使用验证性因子分析与对角线加权最小二乘（DWLS）和可靠的标准误差来评估因子效度。采用 HTMT 的相关比率来评估各分量表之间的判别效度，HTMT 值超过 0.85 的阈值表明分量表之间缺乏区分效度。最后，为了评估该工具的共时效度，我们采用独立 t 检验和平方检验来检测被照顾者的身体健康状况和行为健康状况（即自评健康状况、认知水平、记忆和行为问题的频率）、照顾者的行为健康状况（如抑郁症状、生活质量、照料负担、潜在有害行为、送被照顾者到养老机构的计划）、ADRQL 总分和分量表总分。我们假设照顾者的自评健康（好或差）和照顾者的生活质量（高或低）与 ADRQL 总分和分量表得分呈正相关，记忆和行为问题的频率和严重程度与照顾者的抑郁呈正相关，照料负担、潜在有害行为以及将被照顾者转移到养老机构的计划与 ADRQL 总分和分量表得分呈负相关。

在内部一致性和可靠性方面，以 0.7 为阈值，ADRQL 总量表具有可接受的内部一致性信度（α=0.831；KR–20=0.831）。在所有的分量表中，"社会互动"（α=0.837；KR–20=0.837）和"活动享受"（α=0.729；KR–20=0.731）的内部一致性信度是可接受的，而"自我意识"（α=0.545；KR–20=0.527），"感觉和情绪"（α=0.563；KR–20=0.565）和"对环境的反应"（α=0.648；KR–20=0.651）的内部一致性信度不可接受。

在因子效度（factorial validity）方面，所有拟合优度统计表明，CFA 模型总体拟合良好：$\chi^2$（660）=1581.800，p<0.001，CFI=0.938，TLI=0.934，RMSEA=0.045（见表 3–5）。除"自我意识"和"无信念或态度表达"外，所有因子负荷均在 0.05 时有统计学意义（λ=–0.025，p=0.79）。除"自我意识"与"无信仰或态度表达"外，所有因素负荷均为正面。"社交互动"的标准化二阶因子负荷最高（λ=0.893，p<0.001），其次是"感觉和情绪"（λ=0.675，p<0.001）、"自我意识"（λ=0.507，p<0.001）、"享受活动"（λ=0.555，p<0.001）和"对环境的反应"（λ=0.455，p<0.001）。

表 3–5 基于验证性因素分析（CFA）检验 ADRQL 的因子效度表

| 二阶结构 | 二阶因子载荷[a] | 一阶结构 | 一阶因子负荷绝对值范围[a, b] |
|---|---|---|---|
| ADRQL | 0.893*** | 社会互动 | [0.475, 0.999] |
| | 0.507*** | 自我意识 | [0.025, 0.900] |

| 二阶结构 | 二阶因子载荷 [a] | 一阶结构 | 一阶因子负荷绝对值范围 [a, b] |
|---|---|---|---|
| ADRQL | 0.675*** | 感觉和情绪 | [0.253, 0.853] |
| | 0.497*** | 享受活动 | [0.555, 0.960] |
| | 0.455*** | 对环境的反应 | [0.735, 0.940] |

注：a. 一阶和二阶因子荷载均为完全标准化。

　　　b. 拟合优度：Goodnessoffit: $\chi^2$（660）=1581.800，p<0.001，CFI=0.938，TLI=0.934，RMSEA=0.045。

　　　***: p<0.001。

在区分效度方面，表 3-5 显示了 ARQDL 各分量表之间相关系数的 HTMT 比值。不同分量表之间的 HTMT 比值均低于 0.85 的推荐阈值，即 5 个分量表的测量值不相关，说明该量表的判别效度是可以接受的（见表 3-6）。

表 3-6　ADRQL 各子量表的区分效度表（N=300）

| | A | B | C | D | E |
|---|---|---|---|---|---|
| A. 社会互动 | 1.000 | | | | |
| B. 自我意识 | 0.699[a] | 1.000 | | | |
| C. 感觉和情绪 | 0.600 | 0.550 | 1.000 | | |
| D. 享受活动 | 0.463 | 0.533 | 0.560 | 1.000 | |
| E. 对环境的反应 | 0.402 | 0.301 | 0.543 | 0.433 | 1.000 |

注：a.HTMT 值超过 0.85 的阈值表明分量表之间缺乏区分效度。

在标准效度（criterion validity）方面，我们检验被照顾者和照顾者的身心健康特征以及与 ADRQL 评分之间的关联（见表 3-6）。总体而言，被照顾者的自评健康状况（二分变量）与 ADRQL 评分呈正相关，而 MoCA-BJ（1= 重度认知障碍，0= 中轻度认知障碍）以及记忆和行为问题的频率和严重程度与 ADRQL 评分呈负相关。针对照顾者的特征而言，照料负担与ADRQL评分呈负相关。生活质量（二分变量）与 ADRQL 呈正相关。上述所有关联都表明 ADRQL 的标准效度是可接受的（见表 3-7）。

表 3-7　ADRQL 及其子量表的标准效度表（N=300）

| 被照顾者特征 | ADRQL 分数 | |
| --- | --- | --- |
| | 非标化系数 | 标化系数 |
| 自评健康状况（二分变量） | 2.832*** | 0.265*** |
| MoCA-BJ（1= 重度认知障碍，0= 中轻度认知障碍） | −5.359*** | −0.312*** |
| 记忆和行为问题的频率 | −0.358*** | −0.528*** |
| 记忆和行为问题的严重程度 | −6.808*** | −0.472*** |
| 照顾者特征 | | |
| 生活质量（二分变量） | 2.234*** | 0.210*** |
| 照料负担 | −0.199*** | −0.430*** |

注：所有系数均基于调整协变量后的普通最小二乘回归模型。***：p<0.001。

总的来看，5 个分量表的克隆巴赫 α 范围在 0.545 至 0.837 之间，总量表的克隆巴赫 α 为 0.831，这与一项在美国老年人身上测试得到的克隆巴赫 α 值基本一致（Kasper et al.，2009）；然而，"自我意识"（0.545）和"感觉和情绪"（0.563）两个子量表的信度相对较低，且这两个子量表条目的因子负荷低于其他三个子量表上的因子负荷。我们分析，这两个分量表的一致性信相对较低的原因可能是由于条目的差异较大。

"自我意识"中的 8 个条目主要刻画与认知相关的变化，包括记忆、取向、定向、不感兴趣和冷漠。与之前的研究（Kasper et al.，2009）一致，该子量表与认知状态高度相关，但"不感兴趣"和"冷漠"不被认为是反映认知状态的指标。类似地，"感觉和情绪"子量表中的

12 个条目包括破坏性行为问题（如打击、喊叫和拧扭手臂）以及情绪健康问题（如沮丧和愤怒），该量表与老年人记忆与行为问题的严重程度高度相关。另一种可能性是，家庭成员可能需要通过相关培训以识别这些不同的行为和情绪问题。

对于因子效度，模型拟合指数总体上表明该样本中五因子模型的拟合度可接受。CFI 值仍有提高的空间，这可能是因为"自我意识"子量表的内部信度较低。总的来看，内部一致性和可靠性方面结果表明，ADRQL 作为一种可靠的工具，能够用于检验中国认知症老人的总体生活质量，然而，还需要额外的评估工具来检查这一人群生活质量的特定方面。

研究结果表明 ADRQL 的区分和标准效度是可接受的。量表的 5 个领域具有适度的相关性，每个领域都是认知症老人生活质量的独特组成部分，HTMT 比率低于 0.85 证实了这一点。照顾者和被照顾者的特征与 ADRQL 之间的关系在预测方向上，显示良好的标准效度。

量表的信效度研究也应注意到以下局限：认知症老人是在三个社区内使用方便抽样得到的，这导致研究结果在认知症老人中的可推广性受到限制。例如，女性照顾者大约仅占样本的一半，低于女性在照顾者群体中的现实比例。在照顾者群体中，男性照顾者可能比女性照顾者更有权力决定参与这项研究。由于 ADRQL 是基于对照顾者的访谈，因而结果的可推广性仅限于有家庭照顾者的认知症老人，不能推广到无人照顾或由保姆照顾的认知症老人群体。此外，出于伦理道德的考虑，我们希望最大限度地减少被照顾者的心理压力，没有用其他量表测量认知症老人生活质量的数据（例如 QoL-AD 量表）。对于认知症老人及其照顾者而言，调查问卷十分冗长，MoCA-BJ 的填写对参与者而言已是一种挑战。因而我们无法评估 ADRQL 量表的共时效度，希望在未来的研究中得以实现。还需强调的是，老人认知障碍的严重程度是基于自我报告，而非基于医生的诊断。

团队坚信，量表的信效度研究应结合中国文化背景进行解释。例如，认知障碍（尤其是行为症状）带来的"面子"问题以及病耻感等因素会影响照顾者对量表的回答，这可能会导致老年人的生活质量被高估。此外，MoCA-BJ 不是为了诊断认知症而设计的，而是用于筛查轻度认知障碍 MCI，这也是 MoCA-BJ 的官方临界分数很高的原因。未来的研究需要在被医生诊断患有认知症的老年人中检查 ADRQL 的信效度。最后，由于通过居民委员会和"滚雪球"的方式招募参与者，我们无法计算拒访率。

尽管存在这些局限性，但我们团队率先在中国大陆的认知症老人中进行 ADRQL 量表的信效度研究。该研究发现在测量认知症老年人的生活质量方面，ADRQL 量表总体上具有令人满意的心理测量特性，可以被老年社会工作者用于评估该人群的总体生活质量，但在使用该量表评估生活质量的特定方面时应谨慎。此外，在未来研究中，应继续验证 ADRQL 量表在不同文化、不同群体中的信效度问题。

2. 阿尔兹海默症生活质量测评量表

阿尔兹海默症生活质量测评量表（Quality of Life in Alzheimer's Disease，QOL-AD，附录 E）1999 年由美国华盛顿大学 Logsdon 等（1999）研制，之后被各国学者翻译成多种语言版本使用。该量表是一种特定的、简短的、表现患者自身反应的阿尔兹海默症生活质量量表。

QOL-AD 通过设计患者版和照顾者版来评价认知症患者的生活

质量。它使用简单直接的语言和回答评估认知症老人与朋友、家人的关系，对财务状况、身体状况和情绪的关注，以及对生活质量的整体评估。照顾者以问卷形式完成对患者生活质量的评价，而患者则以访谈的形式完成关于其自身生活质量的问卷。该量表由 13 个条目组成，以 4 分等级进行评分，1 表示差，4 表示好，总分在 13-52 分之间。照顾者完成问卷一般需要 5 分钟左右；对于患者来说，这种面谈大约需要 10—15 分钟（Logsdon，1999）。

　　研究表明该量表具有良好的内容效度，不需要额外的条目，所有条目都是必要的。与 ADRQL 和 EQ-5D 量表[①] 均有较好的相关性，表明该量表具有较好的标准共时效度。主成分分析其显示建构效度很好。Cohen's kappa 值 >0.70 时，评分者间信度良好。内部一致性很好，克隆巴赫 α 系数为 0.82。一些患有严重痴呆和 MMSE 得分低至 3 分的人能够令人满意地完成 QOL-AD。QOL-AD 具有非常好的心理测量特性，可以适用于各种认知受损程度的认知症患者（Thorgrimsen et al.，2003）。

　　研究人员采用国际通用的量表翻译程序将英文版 QOL-AD 翻译成中文并用于认知症患者及其照顾者，研究表明中文版的 QOL-AD 量表总分的重测信度系数为 0.835（p < 0.01）；QOL-AD（患者版）分半信度系数为 0.674，QOL-AD（照顾者版）分半信度系数为 0.841；

---

　　① EQ-5D 量表，全称 EuroQol Five Dimensions Questionnaire，是一套测量健康状态的标准化量表。EQ-5D 由欧洲生命质量学会（EuroQol）开发，可以提供一个简单、通用的健康测量方法。完整的 EQ-5D 包括两部分内容：第一部分是 EQ-5D 自报健康问卷，包括五维度测量、直观式健康量表（visual analysis）、受访者基本信息问卷；第二部分是对特定健康状况的评估问卷。EQ-5D 作为一种普通生命质量量表，以简明、易于操作、应用面广、可信度高等优点在国际上得到了广泛应用。

QOL-AD（患者版）的克隆巴赫 α 系数为 0.659，QOL-AD（照顾者版）的克隆巴赫 α 系数为 0.869，说明 QOL-AD 中文版具有较好的信度和效度，可以应用于大陆认知症患者生命质量的研究（张慧敏等，2013）。

## 第二节　认知症老人的生活质量状况

目前国际上缺乏一个公认的生活质量黄金标准。人们普遍认为，认知症患者和他们的照顾者对有关生活质量问题的回答缺乏一致性，是由于认知症患者不能准确回答其自身状况。然而，越来越多的证据表明，在了解认知症老人的生活质量状况时可以通过认知症患者的主观评分或照顾者的替代评分，对其进行标准化的打分（Brod et al.，1999）。

国内学者多从护理和干预方面研究认知症患者的生活质量，单独报告认知症患者生活质量的文献极其有限。从现有研究来看，我国认知症老人的生活质量不高。张世芳等人使用 QOL-AD 量表对 216 例年龄平均为 78 岁、病程大约为 2 年的认知症老人进行评分，结果显示其生活质量得分为 16—4（29.92 ± 5.53）分（张世芳等，2019）。与艾永梅对太原市认知症患者调查结果（28.78 ± 4.29）得分基本一致（艾永梅，2011）。在国外，Lisa 等人（2012）对 50 名早期认知症患者使用 QOL-AD 量表进行生活质量的调查，得分为 37.92 ± 1.34 分；Logsdon 等人（2002）对 177 名痴呆患者进行调查，其中 155 名认知症患者能够完成 QOL-AD 调查，得分为 33.1 ± 5.9 分，而 22 名不能提供有意义回答的患者得分为 33.2 ± 5.5 分。

　　本研究团队采用替代评分量表——阿尔兹海默症相关生活质量量表（ADRQL）进行研究，没有选择 QOL-AD 量表。第一个原因是，ADRQL 量表由 5 个领域组成，能够更好地探寻生活质量的维度，进一步剖析认知症老人生活质量的组成。第二个原因是，QOL-AD 量表的"患者版"在实地调研中，对重度认知症患者并不友好，重症患者无法汇报自身的主观感受。而 ADRQL 量表由主要照顾者评分，不受认知症老人病情的限制。第三个原因是，QOL-AD 量表对访谈员的能力要求较高，"患者版"和"照顾者版"量表的填写，都需要访谈员恰当的指引。本团队全部聘用学生访谈员，更加适合条目明确、清晰的 ADRQL 量表。团队发现武汉市城区认知症老人的生活质量平均得分为 83.57 分（标准差 =10.90），目前国内使用 ADRQL 量表的生活质量研究人数极少，难以将本团队的生活质量得分进行横向比较。我们鼓励更多的研究团队，使用 ADRQL 量表进行认知症老人的生活质量研究，以期比对国内城乡之间、各地域之间认知症老人的生活质量差异。

### 认知症老人生活质量的影响因素

　　在人口老龄化的背景之下，我国老年认知症患者数量与日俱增，如何通过专业的照料改善认知症老人的生活质量日益成为健康养老领域关注的重点。分析影响老年痴呆患者生活质量的关键性因素，明确影响其生活质量的主要危险因素和保护因素，并进行有效的干预，具有极其重要的现实意义。影响认知症老人生活质量的因素是多重的。从现有研究来看，这些因素可以归纳为认知症老人自身层面，以及主要照顾者层面（见表 3-8）。

从患者自身情况出发，主要有以下影响因素。

（一）收入

经济水平对健康具有正向促进作用，一般而言，低收入群体生活质量较低。收入水平反映个体的消费能力、住房条件、营养情况和医疗保健状况，世界卫生组织（2000）也发现，居民的健康状况随着社会经济地位而变化。本研究中的认知症老人的平均收入情况，处于城市社区的中等水平，我们发现自身收入越高的认知症老人生活质量越好。中国城市老年人大多依赖退休金生活，退休金很大程度上取决于退休前的职业和级别。收入水平对认知症老人生命质量的影响是多方面的。一方面，收入的高低会直接影响到疾病的预防和筛查。另一方面，较高的收入水平有利于认知症的治疗，用药物干预联合社会心理治疗，共同减缓认知能力的衰退，对认知症老人的生活质量有促进作用。此外，在一些有多个成年子女的中国家庭中，有一项约定俗成的规定，即成年的子女照顾者可以拿取老年人收入的一部分或全部作为对他们照料付出的奖励，这种情况并不少见（Liu，2013）。因此，老年人的经济状况对他们接受的照顾质量至关重要，如果经济状况不够理想，认知症老人不仅很难负担起高额的治疗费用，还可能受到家庭成员的忽视与虐待。

（二）年龄

年龄对于认知症老人生活质量的影响较为复杂，目前没有统一的结论。本研究团队发现，患者年龄（$\beta=-0.20$，$p<0.01$）与其ADRQL得分显著相关（详见表3-7），即患者年龄越大，ADRQL的得分越低，生活质量则越差。这可能是因为认知症患者年龄越大，机体功能和自理能力退化越严重，且记忆障碍、行文问题等症状随时间推

移不断显现，从而加重疾病对患者生活质量的负面影响（赵文红等，2017）。但也有研究者发现，排除病程、并发症等因素之外，年龄与认知症老人的生活质量分数呈现出正相关关系，即年龄越高，生命质量得分越高，可能的原因是随着患者年龄的增长，照顾者对高龄老年患者生命质量的期望值同低龄老人相比降低，所以评分相对较高（张丽君等，2010）。

（三）日常生活活动能力

日常生活活动（Activities of Dailyv Living，ADL）是指人们在日常生活中，为了满足自身衣、食、住、行的需要，以及保持个人卫生和进行独立的社会活动所必需的一系列的基础性活动，主要包括穿衣、起床、吃饭、基本家务活动等。日常生活活动能力对每一个人都至关重要，涵盖着人们在每天独立生活中需要反复进行的、最基础的日常活动，是反映个体自理能力的最基本指标之一。[①] 已有研究表明日常生活活动能力得分对认知症老人生活质量的影响有统计学意义，自理问题是影响老年痴呆患者生活质量的独立危险因素（朱旭静、李明霞，2018）。分析其原因可能是日常生活能力的缺失，会直接导致患者不能做到基本自理，进一步影响到患者或照顾者对生活质量的评价。但是，日常生活活动能力的影响在本研究中并不显著。

（四）记忆和行为问题

在不同文化背景中，认知症患者的记忆和行为问题都被认为是家庭照顾者的重要压力源，进而影响照顾质量（Knight and Sayegh，2010），这与本研究团队的发现一致，我们发现认知症患者的记忆和

---

① https://www.sohu.com/a/409755659_120237757.

行为问题会降低认知症老人的生活质量。认知症老人典型的记忆和行为问题包括对人、物品、事件的遗忘，以及徘徊（wandering）、攻击性、翻找和藏东西等行为问题。在中国，有记忆和行为问题的人时常被视为"疯子"，经常面临公众的污名和歧视，特别是在传统社区中，这一现象可能尤为严重。这进一步限制了他们的社交活动和参与，降低其生活质量（Gao et al.，inpress）。

（五）抑郁症状

抑郁症状[①]是老年人常见的负性情绪，当抑郁症状严重且持久时，有可能发展为中重度的抑郁症，这会对个体精神健康造成严重损害，甚至会加剧认知水平的恶化。临床上老年抑郁症常常伴有认知功能损害，影响老人的记忆力和注意力；这些症状类似于认知症的表现，所以老年抑郁也被称为"假性痴呆"。抑郁症状会影响认知症老人的心理健康水平和社交状况等，进而导致生活质量降低。但是，认知症老人抑郁症状对生活治疗的影响在本研究中并不显著。

表 3-8　认知症老人生活质量的影响因素表

| 变量 | （b）系数 | （SE）标准差 | （β）标准化系数 | p |
|---|---|---|---|---|
| 被照顾者信息 | | | | |
| 性别（参照：男性／女性） | | | | |
| 女性 | 1.13 | 1.62 | 0.05 | 0.484 |
| 月收入 | 0.84 | 0.37 | 0.19 | 0.023 |

---

① 抑郁症表现为情绪低落、活动减少、兴趣减少、对未来的生活失去信心、有睡眠障碍、有时甚至有自杀的念头，如果病程超过两周就可以诊断。而抑郁状态是指具有部分抑郁症的特征，但不一定全部具备，另外病程也还没有达到抑郁症的诊断标准，当抑郁状态具有大多数或者全部的抑郁症特点，并且达到抑郁症的诊断病程，就变为抑郁症。

续表

| 变量 | （b）系数 | （SE）标准差 | （β）标准化系数 | p |
|---|---|---|---|---|
| 年龄 | −0.24 | 0.08 | −0.20 | 0.003 |
| 教育程度（高中以下的文化学历） | | | | |
| 高中及以上的学历 | 0.07 | 1.26 | 0.00 | 0.957 |
| 自评健康 | 1.23 | 0.80 | 0.09 | 0.124 |
| 记忆和行为问题出现的频率 | −0.50 | 0.13 | −0.27 | <0.001 |
| 照顾者信息 | | | | |
| 性别（参照：男性） | | | | |
| 女性 | 0.72 | 1.47 | 0.03 | 0.628 |
| 月收入 | −0.16 | 0.35 | −0.04 | 0.642 |
| 年龄 | 0.01 | 0.04 | 0.01 | 0.806 |
| 教育程度（高中以下的文化学历） | | | | |
| 高中及以上的学历 | 0.47 | 1.34 | 0.02 | 0.724 |
| 自评健康 | −0.79 | 0.83 | −0.06 | 0.340 |
| 非正式社会支持 | 0.95 | 0.71 | 0.08 | 0.183 |
| 照顾负担 | −1.89 | 0.72 | −0.19 | 0.009 |
| 抑郁 | −0.35 | 0.13 | −0.19 | 0.009 |

在 Lawton（1997）的理解中，被照顾者的客观环境有物质指标（例如住房）、经济指标（例如收入）和社会指标。照顾者被认为是构成被照顾者客观环境的重要社会指标，照顾者对被照顾者的生活质量起到关键性的影响，甚至可以说，二者的福祉是息息相关的。家庭照顾者相关的影响因素，主要包括以下内容。

本研究团队在调查中发现，家庭照顾者是被照顾者最重要的客观环境之一。照料负担和抑郁症状这两种家庭照顾者的特征对认知症老人的生活质量有显著的负向影响（见表 3-7）。处于压力状态和抑郁状况的照顾者可能无法进行充分的自我照顾，无法有效地管理照料任务或处理困难的照料情况，负担和抑郁会损害照顾者提供充分照料的能力。鉴于研究团队此次研究的横断面性质，项目组成员提出了另一种推测，即具备压力和抑郁特征的家庭照顾者倾向于对他们提供的照料产生消极的评价，这导致其得出认知症老人生活质量较差的结论。

## 第三节　对认知症老人生活质量的讨论

本研究团队尝试探讨中国认知症老年人生活质量，这一特殊人群的生活质量此前并未得到充分关注。据我们所知，本研究是首次在中国大陆应用 ADRQL 量表测量认知症老人的生活质量，并探究其与照顾者、被照顾者特征之间的关联。此次研究样本中 ADRQL 得分的平均值为 83.57 分（满分 100），在与西方研究结果的对比中，我们发现这是现有文献中报告的最高得分，此前的相关文献对 ADRD 或 MCI 患者采取同样的生活质量测量量表，无论样本大小、采样位置、认知水平，不考虑认知症老人的居住环境（León-Salas et al.，2011）。这表明与其他文化环境相比，本次研究对象的生活质量水平相对较高，但是，这种高水平生活质量的原因仍然未知，这可能与本研究的调研样本与地点的特殊性有关。我们呼吁未来加强对生活质量的国际比较研究。

研究结果并没有支持本团队最初的假设，即拥有较多非正式社会支持的照顾者会使认知症老人得到更高水平的生活质量。照顾者的支持网络作为一种情感或工具支持的手段对照顾者而言很重要，然而，本次研究目前并未发现这种支持是否可以直接传递到改善被照顾者的生活质量上。但是这一研究结论并没有削弱非正式支持在认知症照料中的重要性，而是要求学者们更深入地研究非正式和正式支持（例如，培训、喘息服务等）在被照顾者生活质量方面的作用。

受传统文化的影响和机构养老资源的局限，绝大部分认知症老人会居住在社区中，照顾者和被照顾者的健康是紧密联系在一起的，主要照顾者的科学照护对提高患者的生活质量有重要作用。感到压力和抑郁的照顾者需要外部支持来克服日常照料任务中的挑战，并为认知症患者提供高质量的照料。除了来自亲友的非正式支持外，也迫切需要医护人员、服务机构和社区的正式支持，以提升照顾者和被照顾者的福祉。

需要注意的，上述提到的几点影响因素并不全面，更多认知症老人生活质量的相关因素还有待进一步探究。上述影响因素对认知症老人生活质量的影响并不是孤立的，在很多情况下患者的生活质量较低可能是受多重因素的影响，例如，国内外研究均显示，日常生活活动能力与抑郁症状的发生密切相关，老人健康受损和接踵而来的自我照料能力丧失会引起抑郁症状（孙玉梅、阮海荷、孟春英，2000），进而直接影响老人及其家人对其生活质量的评价。正如许多认知症老人反映："我现在什么都不能干了，生活上全靠家人照料，心里着急得要命，心情能好吗？"

需要注意的是本次横断面研究招募的仅是来自武汉城市社区的参与者，并未在更大范围内进行招募工作，该研究仅阐明认知症老人生活质量与影响因素之间的某些关联，并未暗示任何因果关系，同时本样本的结果可能无法代表所有有认知症的人群或其居家照顾者。此外，对认知症患者生活质量的评估是通过家庭照顾者的报告确定的，这可能暗示了一定程度的主观性。还需要注意两点问题：一是本次研究的对象都是来自城市社区的认知症老人，他们整体上是处于中等收入水平的一群人，而那些低收入低教育水平且患有认知症的农村老人相比于本研究团队的研究对象而言，无疑是更为弱势的群体，自身以及家人对认知症的理解不足、无力负担起较高水平的医疗资源等因素都可能导致农村地区的认知症老人的生活质量处于较低的水平，但是本文并未涉及对农村老人的研究，对农村地区的认知症老人生活质量的描绘以及和认知症老人生活质量的城乡差异都需要在今后作进一步的研究；二是本次研究的认知症老人目前接受的都是来自家庭的照料，并未涉及机构养老的认知症老人，那些在机构中接受专业照料的认知症老人的生活质量及其影响因素，他们与居家照料的认知症老人在生活质量上的差异也还需要学者进行深入的探索。

本研究对认知症家庭的社区服务设计具有实践意义。鉴于中国地域辽阔，不同地区的认知症老人和家庭照顾者的服务项目差异很大。在上海等地，城市社区正在发起认知症友好计划，以促进认知症老人及其家庭在社区中寻求支持和获取服务（Sun, Zhong and Li, 2019）。本研究所在地武汉针对认知症家庭的服务项目非常有限。临时护理计划，例如日托服务或喘息服务，是支持认知症家庭的首要选择，该计划可以优先考虑年龄较大且收入较低的认知症老人，之后可以开发其他服务，例如培训和咨询服务等，不仅可以提升照顾者的技能和知识，还可以帮助照顾者应对认知症老人的记忆行为问题，并管理他们的负向情绪和照顾压力。各地区要利用《"健康中国 2030"规划纲要》出台的契机，构建面向认知症家庭的综合性、系统性健康服务体系，保证服务的可得性与可及性。高质量的生活是安度晚年的重要前提条件，无论是普通老人还是认知症老人都应该享有一个健康而又幸福的晚年生活，这需要政府、社会、产业、科研单位等共同的努力。

# 第四章　主要照顾者的生活质量

前一章我们分析认知症老人的生活质量，既受到患者自身因素的影响，也受到家庭照顾者相关因素的影响。同样，在研究主要照顾者生活质量时，研究者们也多从患者相关因素和照顾者相关因素这两个方面展开讨论。本研究团队重点关注主要家庭照顾者的照料负担、应对方式、电子健康素养、抑郁症状和正向体验，同样从患者和照顾者这两个方面分析影响因素。

## 第一节　主要照顾者的负担与应对方式

### 一、主要照顾者的负担

（一）主要照顾者

Hileman 等人（1992）于 1992 年最先定义非正式照顾者，他认为照顾者是无条件、不求回报帮助患者的人。Lalit 等人（2004）则将自愿的、非专业的、承担被照顾者日常生活照料责任的人定义为照顾者。根据照顾者是否收取照料费用可以将其分为正式和非正式两种类型。正式照顾者是指为满足个人身心健康、情感慰藉、生活照料等方面需求的专业群体，如医护人员和社工等，正式照顾者为被照顾者提供有偿照料服务；非正式照料是指家人、亲朋好友等提供的照料（Bastawrous，2013）。根据研究需要，本研究将主要照顾者定义为在家中为认知症老人提供身体和心理上的照料且在照料过程中起主要作用、照料时间最长、承担照料义务最多而又不求回报的家人，主要包括老人的配偶、儿子、儿媳、女儿、女婿等（韦凤美、李惠菊、赵龙，2016）。主要照顾者的纳入标准为：①照料时间超过3个月，每周照料时间大于3天；②年满18周岁；③具备正常的认知和活动能力；④自愿参加本次调查并知情同意。

（二）照料负担

照料负担可定义为照顾者在照料认知症老年人过程中，所感受到的来自生理、心理、经济、社交等方面的压力（George and Gwyther，1986）。目前使用频率较高和较为成熟的是照顾者负担量表（Zarit Caregiver Burden Interview，ZBI），能够测量照顾者的主观压力和客观压力。本研究团队使用照顾者负担量表 ZBI 来测量照料负担（Bédard et al.，2001）。照顾者被要求指出他们对下列陈述同意的程度：①"因为你和被照顾者在一起的时间太长，你没有足够的时间照料自己"；②"在照顾被照顾者和努力履行其他责任（工作或家庭）之间感到压力"；③"当你在被照顾者身边时感到愤怒"；④"被照顾者目前以消极的方式影响你和家人或朋友的关系"；⑤"当你在被照顾者身边时感到紧张"；⑥"你的健康因为你和被照顾者的关系而受到损害"；⑦"你因为被照顾者而没有足够的隐私"；⑧"你的社交生活因为照顾被照顾者而受到损害"；⑨"自从被照顾者生病以来你已经失去了对你生活的控制"；⑩"不知道该如何对待被照顾者"；⑪"你应该为被照顾者做得更多"；⑫"你可以在照料方面做得更好"。对每个项目的回答包括"1=完全不同意"、"2=大部分不同意"、"3=一半一半"、"4=大部分同意"和"5=完全同意"。使用 12 个回答的平均值计算照顾者负担得分,可能的范围为 1(表示照料负担的最低水平)到 5(表示照料负担的最高水平)。该量表在研究样本中的克隆巴赫 α 值为 0.94,表明内部一致性较高。

## 二、照顾者的应对方式

### (一)概念定义及测量

应对(coping)被定义成"为掌握、容忍或减少外部和内部需求以及它们之间的冲突而做出的认知和行为努力",最初被分为两大类:"情绪聚焦型应对"和"问题聚焦型应对"(Lazarus and Susan,1984)。后来,Carver 增加第三个类别——"功能失调型应对",并开发 COPE 量表来测量这几种类型的应对方式。该量表由 28 个条目组成,基于 Lazarus 的压力应对模型进行设计,以评估人们通常应对压力的 14 种不同策略(Carver,1997;Carver et al.,1989)。COPE 使用以下 14 种应对策略,每个应对策略使用两个条目:"自我分心"、"积极应对"、"否认"、"物质滥用"、"情感支持的使用"、"工具支持的使用"、"行为脱离"、"发泄"、"积极重构"、"计划"、"幽默"、"接受"、"宗教应对"和"自责"。每一个条目都要求研究对象指出他们使用该应对方式的频率。比如"我一直在我的宗教和灵性中寻找安慰",每个条目的回答包括"1=从不"、"2=有时"、"3=经常"和"4=总是"。每种应对策略的值由两个条目的总和计算,范围从 2 到 8。本研究中照顾者的应对方式可以理解为,在家庭中照料认知症老人时,面对各种情况所采取的一系列策略,这些策略既可以是积极的也可以是消极的。

（二）应对方式的影响

在认知症照料过程中，采取"问题聚焦型应对"，如积极应对和工具性支持，会直接减少照料压力。"情绪聚焦型应对"改变了照料压力的意义，如"接受"、"积极重构"、"宗教应对"等，并没有直接解决照料压力。"功能失调型应对"包括"行为脱离"、"否认"、"自我分心"和"自责"。然而，在分析应对方式的影响时存在学术争议。例如，一项关于宗教应对的研究表明其机制的复杂性：宗教应对属于"问题聚焦型应对"、"情绪聚焦型应对"或者"功能失调型应对"，取决于个人的虔诚和灵性程度。寻求社会支持可能是一种"问题聚焦型应对"，因为人们可以寻求建议、信息或工具性帮助等支持。相反，它也可能是一种"情绪聚焦型应对"，因为个人可能会寻求社会支持来获得陪伴和理解（Carver et al.，1989）。此外，寻求社会支持可能是"功能失调型应对"，因为它可能在情感宣泄中导致情绪失控（Billings and Moos，1981；Carver et al.，1989；Costanza，Derlega and Winstead，1988）。因此，我们的研究不对14种应对策略进行分类，而是剖析每一个应对策略对照顾者的影响，以产生更准确的结果，理解每一种应对策略对照顾者精神健康的作用。

有效的应对方式将更好地支持照顾者，帮助其管理长期照料中的内部和外部压力，减轻他们的心理健康问题，并最终惠及整个家庭。但是某一类型的应对方式在认知症照料中的作用仍然存在争议。某一类应对方式在减轻认知症照顾者的照料负担或抑郁症状方面的作用，西方学者有不同的发现。一些研究报告认为"问题聚焦型应对"有积极作用；而许多其他研究表明，"问题聚焦型应对"对照顾者的心理健康有消极作用；有些研究发现"问题聚焦型应对"与照顾者的心理健康没有显著关联。同样，"情绪聚焦型应对"在照顾者抑郁和负担中的作用仍不清楚。虽然有几项研究表明"情绪聚焦型应对"的负面作用，但一项 Meta 研究和一项纵向研究发现其对照顾者心理健康的保护作用。研究还发现"功能失调型应对"对照顾者负担和抑郁症状的影响。"功能失调型应对"的负面作用在文献中似乎是一致的，与照顾者负担和抑郁症状显著正相关。西方学者在"问题聚焦型应对"和"情绪聚焦型应对"方面的研究争议可能源于应对方式的分类不同、测量方法的区别、认知症老人及其照顾者的异质性，以及他们的社会文化环境差异。

据我们所知，只有七项实证研究关注中国认知症家庭照顾者的应对方式：一项关于台湾照顾者的定量研究表明回避应对与照顾者负担之间存在正相关关系；两项在香港（Au et al.，2010）和台湾（Chen et al.，2015）提升应对策略的干预研究；四项定性研究（一项在中国香港，三项在中国内地）表明，中国家庭照顾者也使用"问题聚焦型应对"、"情绪聚焦型应对"以及"功能失调型应对"这三类方式。照顾者使用的方式可能没有文化差异，但这些应对策略对家庭照顾者心理健康的作用可能因文化而异。特别是中国人的忍耐美德、对家庭责任的强调和孝顺文化在很大程度上影响应对方式的作用。由于中国大陆缺乏可用于支持家庭照顾者心理的社会服务，制定有效的应对策略对于预防和减轻该人群的照顾者负担和抑郁症状起着至关重要的作用。遗憾的是，关于中国大陆家庭照顾者应对策略的文献十分罕见，这导致我们缺乏设计社会工作干预服务的关键证据，以改善这一人群的应对策略。因此，我们的研究使用定量研究方法，探寻中国认知症照顾者每种应对策略对其心理健康的影响，为心理社会干预措施的制定提供证据支持，以减轻中国大陆家庭照顾者的照料负担和抑郁症状。在为认知症老人提供服务时，老年社会工作者必须支持他们的家庭系统，尤其是他们的家庭照顾者，更好地了解照顾者每种应对策略的影响。研究团队采用全球通用的COPE量表，包括人们通常应对压力的14种不同策略（Carver，1997）。

## 三、不同应对策略对照料压力的影响分析

表4-1显示OLS回归模型预测照顾者负担的结果。在所有应对策略中："自我分心"的使用最多（Mean=5.12，SD=2.20），其次是"情感支持的使用"（Mean=4.35，SD=1.68），"工具支持的使用"（Mean=4.35，SD=1.61），"计划"（Mean=4.33，SD=1.57），使用最少的应对策略为"否认"（Mean=2.21，SD=0.83）。

三种应对方式与照顾者负担显著相关，影响程度从强到弱排序，分别为："积极重构"、"自我分心"和"接受"。"积极重构"（β=-0.41；95%CI=[-0.60，-0.22]）和"接受"（β=-0.11；95%CI=[-0.23，-0.01]）与较低的照料负担显著相关，而"自我分心"（β=0.36；95%CI=[0.23，0.50]）与较高的照料负担显著相关。此外，认知症老年人的记忆和行为问题出现的频率与照料负担呈正相关（β=0.13；95%CI[=0.02，0.24]）。照顾者较好的自评健康状况与较低的照料负担相关（β=-0.39；95%CI=[-0.69，-0.09]）。社会支持网络与照顾者负担水平负相关（β=-0.11；95%CI=[-0.21，-0.01]）。

表4-1　OLS回归模型预测照顾者负担表

| 变量 | 照料负担 [a] | | |
|---|---|---|---|
| | β [b] | 95% CI | |
| 应对策略 | | | |
| 自我分心 | 0.36***[c] | [0.23 | 0.50] |

续表

| 变量 | 照料负担 [a] | | |
|---|---|---|---|
| | β [b] | 95% CI | |
| 积极应对 | 0.03 | [−0.13 | 0.20] |
| 否认现实 | 0.07 | [−0.08 | 0.23] |
| 物质滥用 | 0.04 | [−0.08 | 0.16] |
| 情感支持的使用 | 0.15 | [−0.08 | 0.38] |
| 工具支持的使用 | 0.03 | [−0.18 | 0.25] |
| 行为脱离 | 0.12 | [−0.02 | 0.26] |
| 发泄 | 0.03 | [−0.09 | 0.15] |
| 积极重构 | −0.41*** | [−0.60 | −0.22] |
| 计划 | 0.17 | [0.00 | 0.34] |
| 幽默 | −0.04 | [−0.19 | 0.12] |
| 接受 | −0.11* | [−0.23 | −0.01] |
| 宗教应对 | 0.01 | [−0.12 | 0.14] |
| 自责 | 0.01 | [−0.11 | 0.12] |
| **被照顾者信息** | | | |
| 性别 | −0.15 | [−0.43 | 0.13] |
| 年龄 | −0.05 | [−0.20 | 0.10] |
| 已婚 / 同居 | −0.33 | [−0.86 | 0.19] |
| 高中学历毕业 | −0.03 | [−0.26 | 0.19] |
| 收入 | 0.10 | [−0.09 | 0.29] |
| 记忆和行为问题出现的频率 | 0.13* | [0.02 | 0.24] |
| 自评健康<br>（参照：非常差 / 欠佳） | | | |
| 　一般 | −0.11 | [−0.32 | 0.10] |
| 　良好 / 非常好 | −0.23 | [−0.51 | 0.06] |
| **照顾者信息** | | | |
| 性别 | 0.10 | [−0.18 | 0.38] |
| 年龄 | −0.09 | [−0.29 | 0.12] |
| 已婚 / 同居 | 0.40 | [−0.09 | 0.89] |

续表

| 变量 | 照料负担 a | | |
|---|---|---|---|
| | β b | 95% CI | |
| 高中学历毕业 | 0.04 | [−0.19 | 0.27] |
| 有工作 | −0.12 | [−0.48 | 0.23] |
| 收入 | −0.06 | [−0.25 | 0.13] |
| 日常生活活动 | −0.01 | [−0.13 | 0.10] |
| 自评健康<br>（参照：非常差 / 欠佳） | | | |
| 　一般 | −0.08 | [−0.37 | 0.21] |
| 　良好 / 非常好 | −0.39* | [−0.69 | −0.09] |
| 社会支持网络 | −0.11* | [−0.21 | −0.01] |
| 照顾总月数 | −0.07 | [−0.19 | 0.05] |
| 每天的照顾时长 | 0.01 | [−0.11 | 0.12] |
| 与被照顾者的关系<br>（参照：配偶） | | | |
| 　儿子 / 女儿 | −0.32 | [−0.87 | 0.24] |
| 　其他 | −0.32 | [−0.87 | 0.23] |
| $R^2$ | 0.46 | | |

注：a. 照顾者负担与抑郁预测模型的方差膨胀因子均数（VIF）均为 2.64，说明自变量之间不存在严重的多重共线性关系。

b. 所有系数都已标准化。

c. $*p < 0.05$，$**p < 0.01$，$***p < 0.001$。

# 第二节　主要照顾者的负担与电子健康素养

## 一、电子健康素养的定义与测量

电子健康素养是由电子健康和健康素养两个概念组合而形成的新概念。这部分内容先简单介绍电子健康和健康素养的定义与测量，再介绍电子健康素养，最后介绍电子健康素养国内外的研究现状。

　　电子健康（eHealth）这一概念于 1999 年首次由澳大利亚学者约翰米切尔（John Mitchell）提出，当时他提出电子健康一词，用于概括"卫生领域电子通信和信息技术的综合运用"（Mitchell，1999）。自他提出电子健康这一概念后，学界开始关注电子健康的研究，学者们运用自己的智慧定义这一概念。在这众多的广泛定义中，其中影响较为深远的是国外的互联网医学期刊（Journal of medical Internet）"什么是电子健康"系列文章致力于梳理现有文章对于电子健康的梳理，并尝试给予电子健康这一概念明确的定义："电子健康是医学信息学的一个新兴领域，指的是利用互联网和相关技术来组织和提供医疗服务和信息"（Pagliari et al.，2005）。

　　电子健康是在计算机网络和通信技术不断发展的时代背景中产生的，其具体发展大致可划分为萌芽产生阶段、初步发展阶段和快速发展阶段（王文韬等，2018）。第一，电子健康的萌芽产生阶段为 20 世纪 20 年代到 20 世纪 80 年代初期。1920 年，澳大利亚就已经开始利用摩斯密码进行远程医疗咨询，这是电子健康最早期的运用形式（Rooij and Marsh，2016）。而随着信息技术的进一步发展，医疗资源的信息化和信息管理的规范化要求使得包括美国、日本、欧洲各国在内的发达国家纷纷于 20 世纪 60 年代建立起医院管理信息系统。其中，基于计算机技术的电子病历有效满足医疗机构和患者的需求，成为各医疗机构沿用至今的电子健康技术之一（Olsson and Jarlman，2004）。因此，我们可以知道计算机技术催生了对于远程医疗和医疗资源信息化的需求，由此产生电子健康这一新概念。第二，电子健康的初步发展阶段是 20 世纪 80 年代初期到 21 世纪初期。这一阶段的时代背景是美国由于慢性病和传染病的高发而出现医疗费用的快速增长而积极地开始使用包括电子健康档案在内的电子健康手段来实现提前预防、及时控制、监测疾病等医疗目标。20世纪初期，美国面临着医疗费用不断攀升的困境，世界卫生组织就此提出了建立以电子健康档案为核心的慢性病健康管理模式，该模式以信息为依托，以预防疾病为主体。这种健康管理模式有效地帮助美国大幅降低疾病发生率。由于电子健康管理模式的有效性，英国、加拿大、日本都开始效仿美国模式，大力推广电子健康，从而促进了电子健康在发达国家的初步发展。第三，电子健康的快速发展阶段是21世纪初至今。这一阶段，电子健康得到迅猛的发展，具体表现为新兴技术发展，应用形式多样化。随着智能云脑、"互联网+"、大数据等新兴信息技术的不断发展，互联网与医疗行业的深度融合促进电子健康的进一步发展。医院信息管理系统、虚拟健康社区、可穿戴健康设备、移动医疗等电子健康的应用模式，开始被广大的医疗机构和民众所接受，从而对医疗卫生领域的供需双方产生深远的影响。

健康素养这一概念于1974年由Scott K. Simonds（1974）首次提出，但直到1990年以后才开始得到主流学界的关注。健康素养的定义众说纷纭，在众多的定义当中美国国家医学图书馆和世界卫生组织的定义具有较大影响力，现予以简单说明。健康素养可以简单地被理解为病人和理疗保健系统沟通的能力（Parker，2000），这意味着健康素养较高的民众能够阅读、理解并根据相关的卫生健康信息来采取相应的行动，以提高其自身的健康水平。美国国家医学图书馆对健康素养的定义更为明确，将之界定为"个体获取、处理和理解基本的健康信息或服务，并做出合理的健康决策的能力"（美国国家医学图书馆，2006）。健康素养不仅仅局限于获取和理解，还包括正确地利用健康信息和服务作出健康决策。而世界卫生组织给出的定义还要更为宽泛一些，"健康素养体现为认知和社会技能，这些技能能够帮助个体有动机和有能力地去获得、理解和利用健康信息，从而实现健康的维持和促进"（世界卫生组织，1998）。可以看到，世界卫生组织将健康素养的定义拓展到个体的社会行动能力上。

健康素养涉及三个层面的知识和技能：①功能性健康素养，即理解简单健康建议所必需的阅读、写作能力和对身体基本知识的掌握；②互动或交流性健康素养，涉及个体在与专业医护人员的互动中的沟通技能；③批判性健康素养，即批判性地评估可用健康信息的能力（Nutbeam，2009）。

健康素养这一概念在 20 世纪 90 年代后开始受到学界的关注，学者们在健康素养的测度上也取得了较大进展，现在常用的测量健康素养的量表有成人医学素养快速评估量表（Rapid Estimate of Adult Literacy in Medicine，REALM）、成人功能性健康素养测试量表（Test of Functional Health Literacy in Adults，TOFHLA）和健康素养分量表（Health Literacy Component，HLC）。下面对这三个量表进行简单介绍。第一，成人医学素养快速评估量表中包含 66 项常用的医学术语，量表根据参与者能否正常朗读这些词语对其进行评分，并根据最后得分将参与者的健康素养分为四个等级（Davis et al.，1991）。这一量表只需 2—3 分钟即可完成测试，且操作简单，其缺点则是只测量参与者是否理解医学术语，没有测量其对于健康信息的理解程度。第二，成人功能性健康素养测试量表包括 17 项与医疗健康相关的计算能力测试题目和 36 项完形填空形式的阅读能力测试题目（如医院的知情同意书、药品的标签等），最终根据量表得分将参与者的健康素养划分为三个等级（Parker et al., 1995）。相较于 REALM 量表，这一量表对健康素养的测试更为全面，但相应的完成量表时间也更长，共需22分钟。第三，健康素养评估分量表包含28项与健康信息相关的阅读理解和计算题目（White and Dillow, 2005）。这一量表首次在美国2003年开展的全国成人素养评估（2003 National Assessment of Adult Literacy）中所采用，也是第一种用于评估全美成年人健康素养的测量工具。该量表也因此逐渐受到学界的重视与采用。

电子健康素养这一概念是在电子健康和健康素养这两大概念上建立起来的。电子健康素养由 Norman 和 Skinner 在2006年首次界定，即"从电子资源中搜索、查找、理解、评估健康信息，并能将所获取信息加以处理、运用，从而做出合理的健康决策"（Norman and Skinner, 2006）。Norman 等在定义电子健康素养的概念之后，进一步提出电子健康素养的百合模型（Lily Model；Norman and Skinner, 2006）。如图4-1所示，电子健康素养的6种核心素养分别为传统素养、信息素养、媒介素养、健康素养、科学素养、计算机素养。这6种素养就像是百合花的花瓣一般，并非彼此互相独立，而是相互重叠，相辅相成。其中，传统素养指的是个体基本的读写能力，如阅读文本、理解书面段落以及连贯地说和写的能力（Tyner, 2014）；信息素养指的是个体定位、组织、评估信息，并利用信息与他人交流或进行知识生产的能力（美国图书馆协会，1989），一个有信息素养的人知道要查阅哪些潜在的资源来寻找特定主题的信息，知道如何制定适当的搜索策略，并通过过滤结果以提取相关的知识；媒介素养涉及选择、解释、评估、情境化和创造视觉和听觉信息意义的能力，即个体能否将认知与思考信息是如何被特定媒介所塑造和传达的过程（Feuerstein，

1999）；健康素养，则如我们前文所讲，是个体获取、处理和理解基本的健康信息或服务，并作出合理正确的健康决策的能力；科学素养是指以系统方式理解事物本质、意义、应用、局限的能力（Laugksch，2000）；计算机素养涉及多种技能，涵盖计算机的基本知识、参与社交媒体等不同技能（Logan，1996），这种能力在互联网时代成为个体不可或缺的能力。

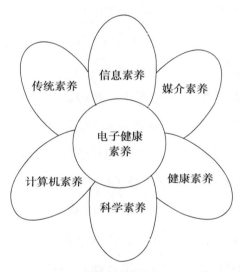

图 4-1　电子健康素养的百合模型

　　在电子健康素养这一概念被正式提出之后，Norman 在 2006 年发明世界上第一个测量电子健康素养的评估量表，即电子健康素养量表（eHealth Literacy Scale，eHEALS）（Norman and Skinner，2006）。这一量表包含 8 个基本条目：①我知道如何在互联网上找到有用的健康资源；②我知道如何使用互联网回答我的健康问题；③我知道互联网上有哪些健康资源；④我知道在互联网上的何处可以找到有用的健康资源；⑤我知道如何使用我在互联网上找到的健康信息来帮助我；

⑥我拥有评估我在互联网上找到的健康资源所需的技能；⑦我可以区分高质量和低质量的互联网健康资源；⑧我很有信心利用来自互联网的信息来作出健康决定。参与者被要求使用李科特五点计分的方式来回答自己对每个条目的认同程度，从1（完全不同意）到5（完全同意），最终的得分由8条目的分数加总而成，分数越高，个体的电子健康素养越高。由于量表具有高度的内部一致性和效度，因此该变量自发明之初就受到广大研究者的青睐。至今该量表已经被翻译成意大利语、中文、日语、西班牙语、德语、荷兰语、韩语等语言，得到世界各国研究者的广泛使用（厉锦巧等，2019）。

尽管 Norman 的 eHEALS 量表在世界范围内得到广泛使用，但其也存在量表得分无明确划分界线和不能充分衡量个体的电子健康能力问题（如无法测度社交媒体的相关能力），因此许多新的电子健康素养量表也在不断被提出以提高测量的准确性。部分学者认为 eHEALS 量表仍具有较高的价值，因此在其基础之上进行改进形成新的量表。Furstrand 在 2015 年开发了 eHLA 量表（eHealth Literacy Assessment），通过 7 个维度来评估个体的电子健康素养：对计算机的熟悉度、使用计算机的信心、使用计算机的动机、使用计算机的行动、功能性健康素养、健康素养自我评估和健康素养实践（Furstrand，2015）；Seckin 等人在 2016 年时开发新的电子健康素养量表（electronic Health Literacy Scale，e-HLS）（Seckin et al.，2016），来测量个体电子健康素养的 3 个维度的内容，即行为、沟通和态度。该量表由 19 个条目组成，每个条目都采用李科特 5 点计分方法；Van Der Vaart 和 Drossaert 则于 2017 年提出了 DHLI 量表（Digital Health Literacy Instrument）（Van Der Vaart and Drossaert，

2017），这一量表主要衡量的是个体的 6 种能力：使用计算机的操作能力、在互联网上导航与定位的能力、互联网信息检索能力、互联网信息的评估能力、在互联网上发布信息的能力、在互联网上保护自己健康的能力。这 6 种能力由量表中的 21 个条目进行衡量。也有部分学者不认可 Norman 的 eHEALS 量表，因此选择自行开发新的电子健康素养量表。Kayser 等人在 2018 年开发了 eHLQ 量表（eHealth Literacy Questionnaire）（Kayser et al.，2018），通过 57 个问题来测试个体电子健康素养的 7 个方面：使用技术处理健康信息、理解健康的概念和语言、能够积极参与数字服务、参与数字服务时感到安全、动机与数字服务、访问数字服务工作、适合个人需求的数字服务。

中国关于电子健康素养的研究起步较晚，目前研究主要聚集于学生群体、老年人群体和病人群体等特殊群体的研究。在对学生群体的电子健康素养的研究中，沈菲飞基于 300 位高校 BBS 用户的研究发现高校学生的电子健康素养存在"三高两低"（沈菲飞，2012），即电子健康意识高、信息获得操作技能高、信息应用技能高，但对能获取网络健康资源的地点知晓率低、网络健康信息理解评估技能低，并就这一问题提出高校引进基于问题的学习模式和政府部门制订网络健康信息和电子健康素养评估标准这两点意见。与沈菲飞的研究结论类似，崔光辉等人基于山东 3 所高校的 1442 名医学生的数据样本（崔光辉等，2020），发现高校学生获取电子健康信息的能力较强，但将电子健康信息转化为健康实践的能力较弱，此外，他们还进一步发现高校大学生的电子健康素养能够有效地提升大学生的运动锻炼、规律生活、饮食营养、压力管理等健康生活方式。麦剑荣等人则是致力于发现影响大学生电子健康素养的影响因素，基于广州 5 所高校的 1282 名学生（麦剑荣等，2021）的研究，发现父亲的健康状况、父亲的文化程度、学生生源地、个人健康、是否为独生子女都是学生的电子健康素养的影响因素。而对于老年人群体的电子健康素养的影响因素，国内学者李少杰等人基于济南 1201 名老年人的研究发现（李少杰等，2019），其电子健康素养的合格率仅为 11.1%，中国老年人的电子健康素养的水平不容乐观，研究还揭示了影响老年人电子健康素养的影响因素为户籍类型、受教育程度等。周寒寒等人也同样得出了中国社区老年人群体电子健康素养水平不高的结论（周寒寒、郑爱明，2018），并且发现了社会经济地位、网络健康信息的可信性感知、家庭成员利用网络查找卫生资源都是影响其电子健康素养的重要影响因素。刘文娇等人则是发现老年人的电子健康素养可以直接影响其生命质量（刘文娇等，2021），也会通过生活满意度来间接提升个体的生命质量。针对病人群体，国内学者主要聚集于慢性病（高血压、糖尿病、冠心病、痛风）群体的研究。慢性病患者的电子健康素养合格率整体较低，影响因素有年龄、文化程度、自评经济状况、与子女居住情况（丛新霞等，2021；李佩瑶等，2021；江悦妍等，2021），研究还发现电子健康素养可以提高患者的服药依从性（彭文亮等，2020），促进患者的健康生活方式（徐子犊等，2020）。但是，值得注意的是，国内关于电子健康素养的研究中尚未涉及认知症患者及其照顾者，这是未来研究的发展方向之一。

## 二、电子健康素养与照顾者心理健康的关系

已有的关于电子健康素养与照顾者心理健康之间关系的文献很

少，尽管有相关文献表明在线干预对认知症照顾者的心理健康产生积极影响（Boots et al., 2014）。具体而言，提供信息、应对策略，并指导其训练及与其他照顾者沟通的多成分干预可以减轻照顾者的抑郁、焦虑、负担和压力（Beauchamp et al., 2005；Marziali and Garcia, 2011）。然而，一篇综述性的研究得出的结论认为，仅专注于提供信息的在线干预不太可能改善照顾人员的福祉（Boots et al., 2014）。因此，在非干预环境中进一步了解电子健康素养对照顾者心理健康的影响和功效非常重要。

此外，电子健康素养对照顾者心理健康的影响程度可能取决于他们的教育水平。尽管现有关于教育和电子健康素养关系的文献很少，但一些研究表明，教育和电子健康素养之间的动态关系会影响照顾者的身心健康。例如，教育对健康的积极影响已被证明是通过健康素养来调节（Schillinger et al., 2006）。其他研究表明，华裔美国老年人的健康意识受教育水平的影响（Sun, Gao and Coon, 2015）。具体而言，高中及以下学历的人群对患认知症有更多的忧虑，但对于大学及以上学历的人群而言，这种担忧是微乎其微的（Sun, Gao and Coon, 2015）。教育在健康素养及其行为反应中都发挥着重要作用（Nutbeam, 2008），因而在检验健康素养与心理健康之间关系时，要将其考虑其中。

就中国照顾者的电子健康素养而言，教育可能会影响一个人从多样甚至是相互冲突的网络健康信息中识别有效和可靠信息的能力。在英语国家，在线健康信息的可读性高于推荐的六年级阅读水平（Kim and Xie, 2017）。中国网站还未标明相关健康信息的适当阅读水平，这意味着中国照顾者可能会接触到不同阅读水平的电子健康信息。电子健康信息的质量缺陷需要读者有更高的阅读水平，来从低质量的内容中辨别可靠的健康信息。而这些内容充其量是无益的，最坏的情况是有害的。照顾者的教育水平是否降低他们的心理健康，特别是照料负担对他们健康的影响，这一点尚不清楚。因此，本研究团队试图检验中国认知症照顾者中，电子健康素养和照料负担之间的关系，并评估照顾者的受教育程度对上述关系的调节作用。

### 三、电子健康素养对照料负担的影响分析

本研究使用两个线性回归模型以检验电子健康素养、教育和照料负担之间的关联。模型 1 检验电子健康素养和教育对照料负担的主效应。模型 2 添加教育与电子健康素养的交互项，以检验教育对电子健康素养与照料负担之间关系的调节作用。基于这两种模型，我们使用"夹心方差"估量值来解决残差方差的异质性。控制所有协变量后，基于模型 2 的事后分析分别针对（a）受教育水平没有达到高中、（b）受教育水平为高中或以上的研究对象，检验电子健康素养与照料负担之间的关联。我们根据模型 2 中的结果，估计电子健康素养对照料负担的条件边际效应（即照顾者负担相对于电子健康素养的一阶导数）。为进一步说明电子健康素养对照料负担的边际影响，我们分别制作每个教育组的电子健康素养的边际图表（即照顾者负担的预测平均值）。多元回归模型的所有统计参数均已标准化，以减少交互项产生的多重共线性。

表 4-2 显示多元回归模型的结果。模型 1 显示，在控制所有协变量后，电子健康素养与照料负担呈正相关（$\beta = 0.14$；95% 置信区

间 C=［0.03，0.27］）。然而，教育与照顾者负担没有显著相关性。模型 2 的结果表明，电子健康素养与教育之间的交互项具有统计学意义（β=-0.32；95%CI=［-0.53，-0.11］），表明电子健康素养与照料负担之间的关联因教育而异。这一结果也得到了电子健康素养×高中毕业生的 Wald 检验的支持：F（1，270）=8.73，p<0.01。基于模型 2 中的结果，表 4-3 显示电子健康素养与照料负担之间关联的事后分析结果。结果表明，在对所有协变量进行控制后，电子健康素养仅在高中以下学历的照顾者中与照料负担呈正相关（β=0.33；95%CI=［0.15，0.51］），而在高中或以上学历的照顾者中与之无关（β=0.01；95%CI=［-0.17，0.19］）。图 4-2 进一步显示根据模型 2 中的结果，教育对电子健康素养与照料负担之间关系的调节作用。在高中以下学历的照顾者中，照料负担的平均值随着电子健康素养的提高而增加；然而，这种关系在高中及以上学历的照顾者中并未出现。

对于敏感性分析，我们研究教育对电子健康素养和照顾者负担之间关联的调节作用，是否受到认知状况和社区变量的影响，增加两个"三方交互"［电子健康素养×Wald 检验不显著，F（1，267）=0.59，p=0.44，表明教育的调节作用不会因认知状态而异。高中及以上学历×重度认知障碍；电子健康素养×高中及以上学历×社区变量］，分别添加到模型 2 中。"电子健康素养×高中及以上学历×重度认知障碍"三项交互的。"电子健康素养×高中及以上学历×社区变量"三项交互的 Wald 检验无统计学意义，F（2，264）=0.73，p=0.48，表明教育的调节作用在社区之间没有差异。这些结果表明调节效应的稳定性。

表 4-2　电子健康素养、教育和照料负担之间的关联表（N=300）

| 变量 | 模型 1[a] | | 模型 2[b] | |
|---|---|---|---|---|
| | β[c] | 95% CI | β | 95% CI |
| 照顾者信息 | | | | |
| 电子信息健康素养 | 0.14**[d] | [0.03, 0.27] | 0.33*** | [0.17, 0.49] |
| 高中毕业（高中以下的文化学历） | 0.08 | [−0.17, 0.33] | 0.05 | [−0.20, 0.30] |
| 电子健康素养 × 高中毕业 | | | −0.32** | [−0.53, −0.11] |
| 性别 | 0.23 | [−0.05, 0.51] | 0.28* | [0.01, 0.55] |
| 年龄 | 0.14 | [−0.11, 0.31] | 0.16 | [−0.02, 0.34] |
| 有工作 | −0.10 | [−0.04, 0.21] | −0.08 | [−0.39, 0.21] |
| 已婚 / 同居 | 0.24 | [−0.23, 0.58] | 0.16 | [−0.17, 0.50] |
| 收入 | −0.09 | [−0.28, 0.10] | −0.10 | [−0.29, 0.09] |
| 日常生活活动 | 0.03 | [−0.10, 0.16] | 0.03 | [−0.09, 0.16] |
| 照顾总月数 | 0.02 | [−0.13, 0.10] | −0.03 | [−0.14, 0.08] |
| 每天的照顾时长 | −0.07 | [−0.19, 0.05] | −0.08 | [−0.20, 0.04] |
| 与照顾对象的关系（参照：配偶） | | | | |
| 　儿子 / 女儿 | −0.43 | [−0.88, 0.02] | −0.41 | [−0.82, 0.00] |
| 　其他 | −0.54 | [−1.09, 0.00] | −0.54* | [−1.07, −0.02] |
| 社会支持网络 | −0.16** | [−0.27, −0.06] | −0.14** | [−0.25, −0.04] |
| 被照顾者的信息 | | | | |
| 高中毕业学历 | −0.05 | [−0.29, 0.19] | −0.03 | [−0.26, 0.21] |
| 性别 | −0.05 | [−0.34, 0.23] | −0.03 | [−0.31, 0.25] |
| 年龄 | −0.19* | [−0.34, −0.04] | −0.17* | [−0.33, −0.02] |
| 有工作 | −0.51 | [−1.79, 0.78] | −0.47 | [−1.82, 0.88] |
| 已婚 / 同居 | −0.50* | [−0.93, −0.06] | −0.47* | [−0.99, −0.06] |
| 收入 | −0.08 | [−0.13, 0.29] | 0.09 | [−0.12, 0.30] |
| 自评健康 | | | | |

续表

| 变量 | 模型 1[a] | | 模型 2[b] | |
|---|---|---|---|---|
| | β[c] | 95% CI | β | 95% CI |
| 欠佳 | − 0.20 | [ − 1.06, 0.66] | − 0.23 | [ − 1.03, 0.58] |
| 一般 | − 0.19 | [ − 1.04, 0.67] | − 0.19 | [ − 0.99, 0.61] |
| 良好 | − 0.46 | [ − 1.34, 0.43] | − 0.44 | [ − 1.27, 0.40] |
| 非常好 | 0.38 | [ − 0.69, 1.46] | 0.37 | [ − 0.62, 1.35] |
| 重度认知障碍 | 0.22 | [ − 0.21, 0.66] | 0.27 | [ − 0.16, 0.69] |
| 记忆和行为问题出现的频率 | 0.25 | [ − 0.22, 0.72] | 0.25 | [ − 0.20, 0.71] |
| 记忆和行为问题的严重程度 | 0.01 | [ − 0.45, 0.48] | − 0.00 | [ − 0.46, 0.45] |
| 社区（参照：HZ） | | | | |
| QB | 0.11 | [ − 0.28, 0.50] | 0.17 | [ − 0.22, 0.56] |
| GG | 0.95 | [0.55, 1.35] | 0.99 | [0.59, 1.39] |
| $R^2$ | 0.36 | | 0.38 | |
| Log-likelihood | − 358.97 | | − 353.90 | |
| AIC | 775.94 | | 767.80 | |
| BIC | 883.35 | | 878.92 | |

注：ADL= 日常生活活动；CI= 置信区间；AIC= 赤池信息准则；BIC= 贝叶斯信息准则。

a. 模型 1 为主效应模型。

b. 模型 2 为交互效应模型。

c. 所有系数都已标准化。

d. *$p < 0.05$，**$p < 0.01$，***$p < 0.001$。

表 4-3　教育对电子健康素养与照料负担之间的调节作用表

| 教育程度 | 电子健康素养与照料负担之间的关联 | |
|---|---|---|
| | β[a] | 95% CI[a] |
| 高中以下 | 0.33*** | [0.15，0.51] |
| 高中及以上 | 0.01 | [−0.17，0.19] |

注：1. 在调整所有研究对象的特征后，使用 Bonferroni 校正估计标准化系数（β）和 95% 置信区间。

2. ***$p < 0.001$。

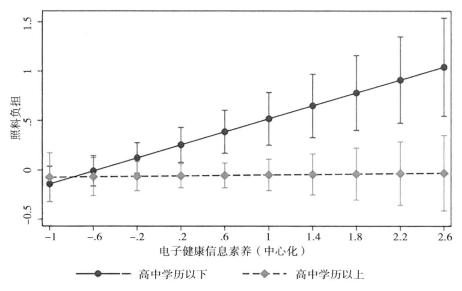

图 4-2 教育对电子健康素养与照料负担之间关系的调节作用图

## 第三节 主要照顾者的抑郁症状及影响因素

### 一、主要照顾者的抑郁状况

本研究使用流调用抑郁自评量表简表（Center for Epidemiological Survey, Depression Scale, CES-D）来测量主要照顾者的抑郁症状。流调用抑郁自评量表由美国国家心理健康研究所的 Sirodff 于 1977 年编制，量表主要用于筛选出有抑郁症状的调查对象，以便进一步检查确诊。CES-D 量表最初由 20 个问题组成，随后被 Andresen 等在 1994 年缩减为 10 个问题。在本研究中，采用 CES-D-10 量表，主要照顾者被要求指出过去一周的频率：①很难集中精力做某事；②感到沮丧；③觉得做什么都难；④对未来充满希望；⑤感到害怕；⑥睡眠不好；⑦感到愉快；⑧感到孤独；⑨认为不能继续他们的生活；⑩会担心一些小事。对每个条目的回答包括"1= 不到 1 天"、"2=1—2 天"、"3=3—4 天"和"4=5—7 天"。使用 10 个回答的平均值计算主要照顾者的抑郁得分，可能的范围为 1（表示主要照顾者抑郁程度最低）到 4 分（表示主要照顾者抑郁程度最高）。

该量表的信效度已经在中国的老年人中得到验证（Boey，1999），CESD-10 与日常功能障碍、生活满意度、社会支持和自评健康之间存在显著联系。CESD-10 也在"正常"和临床抑郁的老年人组之间显著分化。本次研究中使用该量表后得到的克隆巴赫 α 值为 0.86，表明内部一致性较高。主要照顾者的抑郁总得分的平均值为 17.89 ± 6.03 分，其中得分最高的 3 个条目分别是"我对未来充满希望"2.36 ± 1.187 分、"感到愉快"2.32 ± 1.17 分、"睡眠不好"2.01 ± 1.118 分。

## 二、主要照顾者抑郁症状的影响因素分析

（一）照顾者收入水平对照顾者抑郁的影响分析

我们的研究发现，照顾者家庭收入与照顾者抑郁状况负相关（β =-0.28，p<0.01）。本次研究中照顾者的平均家庭月收入得分为 8.9 分（SD=2.432），支付每月生活开销困难程度得分为 2.87 分（SD=0.511），支付医疗开销困难程度得分为 2.72 分（SD=0.623）。国内已有研究表明，照料一位认知症患者，要花费家庭成员月平均工资的四成左右（安翠霞、于欣，2005；王慧文等，2015）。如果家庭照料者的收入不足以支撑认知症相关的费用，无疑对认知症照顾者造成较大的经济负担和精神压力，与体力负担一起，提升照顾者的抑郁水平。

（二）照顾者应对策略对照顾者抑郁的影响分析

照顾者的应对策略对抑郁的影响见表 4-4。按照从最强到最弱的顺序排列，分别是"积极重构"（Positive reframing）、"自我分心"（Self-distraction）和"宗教应对"对照顾者抑郁症状有显著影响。更积极的重构和照顾者抑郁状况负相关（β=-0.49，p<0.001），而更高程度的"自我分心"（β=0.39，p<0.001）和"宗教应对"（β=0.16，p<0.01）与照顾者抑郁正相关。

表 4-4　照顾者的应对策略对抑郁的影响表

| 变量 | 照顾者抑郁症状 [a] | | |
|---|---|---|---|
| | β [b] | 95% CI | |
| **应对策略** | | | |
| 自我分心 | 0.39*** | [0.26 | 0.52] |
| 积极应对 | −0.12 | [−0.26 | 0.02] |
| 否认现实 | 0.08 | [−0.06 | 0.23] |
| 物质滥用 | −0.01 | [−0.13 | 0.10] |
| 情感支持的使用 | 0.09 | [−0.08 | 0.25] |
| 工具支持的使用 | 0.04 | [−0.12 | 0.19] |
| 行为脱离 | −0.06 | [−0.20 | 0.08] |
| 发泄 | 0.07 | [−0.03 | 0.16] |
| 积极重构 | −0.49*** | [−0.65 | −0.33] |
| 计划 | 0.07 | [−0.07 | 0.21] |
| 幽默 | 0.00 | [−0.14 | 0.15] |
| 接受 | −0.03 | [−0.12 | 0.07] |
| 宗教应对 | 0.16** | [0.06 | 0.26] |
| 自责 | −0.05 | [−0.17 | 0.07] |
| **被照顾者信息** | | | |
| 性别 | −0.21 | [−0.51 | 0.09] |

续表

| 变量 | 照顾者抑郁症状 [a] | | |
|---|---|---|---|
| | $\beta$ [b] | 95% CI | |
| 年龄 | −0.07 | [−0.22 | 0.07] |
| 已婚/同居 | 0.22 | [−0.21 | 0.65] |
| 高中毕业学历 | 0.03 | [−0.19 | 0.25] |
| 收入 | 0.12 | [−0.06 | 0.31] |
| 记忆和行为问题的频率 | 0.01 | [−0.10 | 0.11] |
| 自评健康<br>（参照：非常差/欠佳） | | | |
| 　　一般 | 0.01 | [−0.21 | 0.22] |
| 　　良好/非常好 | −0.08 | [−0.32 | 0.17] |
| **照顾者信息** | | | |
| 性别 | 0.04 | [−0.26 | 0.33] |
| 年龄 | 0.14 | [−0.06 | 0.34] |
| 已婚/同居 | −0.02 | [−0.41 | 0.36] |
| 高中毕业学历 | 0.00 | [−0.22 | 0.22] |
| 有工作 | −0.39* | [−0.71 | −0.06] |
| 收入 | −0.28* | [−0.47 | −0.09] |
| 日常生活能力 | −0.06 | [−0.16 | 0.04] |
| 自评健康<br>（参照：非常差/欠佳） | | | |
| 　　一般 | −0.25 | [−0.50 | 0.00] |
| 　　良好/非常好 | −0.58*** | [−0.83 | −0.32] |
| 社会支持网络 | −0.08 | [−0.17 | 0.00] |
| 照顾总月数 | 0.03 | [−0.09 | 0.14] |
| 每天的照顾时长 | −0.11 | [−0.23 | 0.00] |
| 与被照顾者的关系<br>（参照：配偶） | | | |
| 　　儿子或者女儿 | 0.37 | [−0.11 | 0.85] |
| 　　其他 | 0.29 | [−0.16 | 0.73] |

续表

| 变量 | 照顾者抑郁症状 [a] | |
| --- | --- | --- |
| | β [b] | 95% CI |
| $R^2$ | 0.45 | |

注：a. 照料负担与抑郁预测模型的方差膨胀因子均数（VIF）均为 2.64，说明自变量之间不存在严重的多重共线性关系。

　　b. 所有系数都已标准化。

　　c. $p < 0.05$，** $p < 0.01$，*** $p < 0.001$。

## 第四节　讨论：应对方式对照料负担与抑郁状况的影响

　　据估计，中国阿尔兹海默症及相关痴呆（ADRD）患者的数量将达到 1000 万，到 2050 年可能超过 4000 万（Chan et al.，2013；Jia et al.，2020）。认知症不但威胁老年人个体的健康，同时也是一个严峻的家庭问题和社会问题。由于大多数认知症老人都是在家中接受照顾，由配偶或子女照料，认知障碍的高发也影响数百万的家庭照顾者，对他们的身心健康带来极大的挑战。尽管照料认知症患者对照顾者而言来说存在积极体验（蒋芬，2012），但毋庸置疑的是照料认知症老人是一项充满挑战且需要不断付出的艰巨工作。这些压力和挑战使得家庭经济负担较大，主要照顾者属于自己的时间明显减少，大部分人感到比较劳累，给他们带来极大的心理负担，尤其是照顾者终日面对患者得不到情感交流、没有情感回应，对照顾者心理健康影响更大（沈文娟等，1999）。

　　本研究是对中国家庭照顾者应对策略的重要探索。我们挖掘不同应对策略与照顾者负担和抑郁之间的关系。调查结果需要在三个前提下进行解释。第一个前提是，本研究中检验的应对方式代表照顾者应对一般的压力情况的常规方法，而不是针对被照顾者的特定照料情形。这些策略反映一个人在压力或危机时期首选的应对方式（Carver, Scheier and Weintraub，1989）。第二个前提是，尽管 14 种应对策略各有不同，甚至相互矛盾，但个体可以选取多种应对策略，例如"自我责备"和"计划"。第三个前提是，我们对应对方式有效性的讨论是基于群体层面，而非个人层面，因为我们认识到基于群体数据的某些功能失调（dysfunctional）的应对方式（例如回避、脱离接触），可能在某些特定的场合对个体有正面的效果。在承认这三个前提的情况下，我们才能进一步有效讨论中国家庭照顾者应对策略对压力、抑郁的影响。

"自我分心"、"工具支持的使用"、"情感支持的使用"、"计划"和"积极重构"是 5 种最常用的应对方式。这证实中国家庭照顾者使用 Carver（1997）所描述的所有 3 种类型的应对方式，即以"问题聚焦型应对"和"情绪聚焦型应对"以及"功能失调型应对"。其中，有 4 种被认为是积极应对，除了"自我分心"被认为是功能失调的应对。受强调实用主义和心理弹性的中国文化的影响，大多数家庭照顾者使用实用或适应性强的方法来应对压力情况。

使用"积极重构"与较低的负担和抑郁有关。"积极重构"或"认知重塑"作为"情绪聚焦型应对"（Lazarus and Susan，1984），并不直接解决压力源，而是从积极的角度改变人们对压力情况的评估。作为认知行为疗法的技术核心，"积极重构"会改变人们的看法、期望和态度，并改善情绪健康。这一发现建议社会工作者提供此类培训，使用认知行为疗法提高家庭照顾者的积极重构能力，以提升照顾者的心理健康水平。

"自我分心"，或称为"行为脱离"（Carver，Scheier and Weintraub，1989）有助于分散家庭照顾者对这种压力情况的思考。在这一应对策略中，家庭照顾者可以从事不同活动以转移注意力，如培养兴趣爱好等，可以让他们的思绪从痛苦中解脱出来。在没有干预的情况下，"自我分心"可能会暂时减轻照顾者的压力，但是我们必须认识到，认知症照顾者的照料压力在大多数情况下是慢性的，可长达数十年之久。暂时的"自我分心"并不能长远地消解照料负担、缓解抑郁情绪。与已有文献一致（Gilhooly et al.，2016；Snyder et al.，2015），本研究中"自我分心"会增加照顾者的抑郁程度和负担水平。我们推测采用"自我分心"作为应对方式的照顾者可能不会寻求及时的帮助，或使用其他积极的方式来减轻压力，从而导致他们的心理健康状况不佳。

另外两种应对方式尽管不是最常用的，但是"接受"和"宗教应对"与照顾者的精神健康显著相关。与已有研究（Gilhooly et al.，2016）一致，"接受"这种应对方式与较低的照顾者负担有关。这是可以理解的，比如接受认知症或者功能受损带来的影响，接受认知症的不可逆性，都可以降低照顾者的心理预期，减少他们的焦虑，并帮助他们制订切合实际的照料计划。

使用"宗教应对"的照顾者可能有更高的抑郁症状，但是与负担状况没有显著关联。一般而言，"宗教应对"被认为是中国认知症照顾者的"情绪聚焦型应对"，人们在宗教和灵性中寻求安慰，而非实质的支持。在这种情况下，我们推测家庭照顾者将宗教作为情绪宣泄的出口，而非从宗教中寻求解决问题的力量，从而获得工具支持。宗教作为情感慰藉的来源，并不能减轻照顾者身体上的照料负担，而身体上的照料负担可能对照顾者来说是最沉重的负担。从某种程度上解释了为什么本研究中"宗教应对"与照料负担没有显著相关。此外，不显著的关联可能是由于我们将"宗教应对"作为应对一般情形的方式，而非应对特定压力源的反应。

经常使用"宗教应对"方式的中国家庭照顾者往往具有宗教信仰。他们通常在病情开始时希望上帝或佛陀能够治愈被照顾者的疾病，而在最后则将生活中的不幸视为命运或神灵的惩罚（Hodge and Sun，2012）。鉴于大多数认知症类型是不可逆转的，这是照顾者最终面临的事实，他们很可能陷入被上帝或佛陀抛弃或惩罚的负面情绪，从而导致高度抑郁（Rathier et al.，2015）。这与其他具有宗教信仰的种族群体相似，例如，一项对墨西哥裔美国照顾者的研究发现，将"照料负担视为上帝惩罚"的信念与更高的抑郁水平有关（Crist et al.，2009）。

由于在本研究中我们没有评估积极或消极的宗教应对，因此提供另一种与数据的横截面性质有关的解释。更具体地说，抑郁程度较高的照顾者可能会依靠经常使用宗教来获得安慰。建议将来的研究使用纵向数据来揭示这个问题。此外，这一发现还启示我们，服务中国认知症老年人时，非常有必要对家庭照顾者的灵性水平和宗教信仰进行评估。鉴于宗教和灵性可能对抑郁水平产生复杂、多重的影响（Rathier et al.，2015），社会工作者必须全面评估中国照顾者的宗教应对策略。

应当注意本研究团队在分析应对方式时的局限性。首先，本次研究的数据本质上是横断面的，因此我们无法得出应对方式与照料负担和抑郁症状之间的因果关系，对于"宗教应对"来说尤其如此，这可能因为较高抑郁程度的照顾者更倾向于利用宗教来应对他们的压力。

其次，简单 COPE 量表只能对各种应对方式进行初步快速的测量。未来的研究应纳入更详细的测量工具来评估应对方式对照料负担和抑郁症状的影响。最后，研究团队在中国中部的省会城市采用方便抽样的方式招募参与者，这限制了研究结果的可推广性。

## 第五节　电子健康素养对照料负担的影响

本研究的结果阐明电子健康素养与照料负担之间关联的复杂性。已有研究表明，照顾者的健康素养，指的是照顾者在照顾决策中理解和应用健康信息，有助于减轻照顾者的压力和负担。健康素养的提高需要获得健康信息和社会支持，这会进一步增强照顾者应对困难情况的信心，从而减轻照顾者的负担（Yuen et al.，2018）；然而，我们的研究发现，在中国的认知症照顾者中，电子健康素养与照顾者的负担呈正相关。原因可能在于电子健康信息无法帮助他们有效应对压力或增强他们的社会支持网络。

电子健康信息能否有效帮助照顾者解决问题，很大程度上取决于电子健康信息的性质和质量。从电子医疗资源中提取的低质量或相互矛盾的信息可能会加剧中国家庭照顾者的情绪困扰，尤其是当社会服务资源有限时这种情况更为明显。这与之前在华裔美国老年人中的发现相似，即那些掌握更多认知症知识的人更担心将来患有认知症（Sun，Gao and Coon，2015）。

电子健康素养与一个人接受的正规教育水平有关，所以如果我们将照顾者的教育水平纳入考虑范围内，那么就能进一步探索电子健康素养与照料负担之间的关系。已有文献表明，在预测心理健康结果时，健康素养和教育水平之间可能存在交互关系（Sun et al.，2013），除此之外，我们发现教育水平可以调节电子健康素养和照料负担之间的关联。在教育水平较低（高中以下）的人群中，更高的电子健康素养会提升照料负担；但是在教育水平较高（高中或以上学历）的人群中没有观察到这一点。关于认知症电子健康信息的质量参差不齐，相互矛盾的健康信息更会让人不知所措。我们认为教育水平较高的人更有可能识别虚假信息，也不会让此类信息影响他们的健康决策或心理健康。

电子信息素养研究对理论和实践都具有重要意义。鉴于目前对于认知症照顾的信息素养（literacy）有多种定义（Choi，Rose and Friedman，2018），未来的研究应侧重于认知症相关的电子健康素养的多个方面，例如促进认知症照顾者在特定方面（如洗澡、如厕等）的能力（Choi，Rose and Friedman，2018；Mullins et al，2016）。由于本研究关注的是承担多项照顾任务的主要家庭照顾者，所以未来的研究还应着眼于辅助主要照顾者的次要照顾者或其他家庭成员的电子健康素养（Efthymiou et al.，2017）。我们认为一个具有较高电子健康素养的其他家庭成员（或者次要照顾者）可以有效减轻主要照顾者的压力和负担（Efthymiou et al.，2017）。我们需要进一步评估认知症信息的质量和相关社区资源的可得性。专业的认知症治疗、照料人员管理和监控认知症相关的在线资源非常重要。我们需要给认知症家庭提供准确、有效的认知症照护知识，提供可得的社区支持（例如喘息服务）和专业服务（例如心理咨询）。此外，我们需要通过驻扎在社区的社会工作机构向中国家庭照顾者提供教育和培训，帮助他们过滤各种电子健康信息，同时更加注重对受教育水平低的照顾者进行外展服务。

　　我们应注意该研究的一些局限性。首先，由于本研究使用横截面数据，无法得出电子健康素养与照料负担之间的因果关系。负担较重的照顾者可能经常寻求在线信息和支持，从而提高电子健康素养。虽然我们控制社会支持这一变量，但遗憾的是没有控制其他因素，例如照顾者的自我效能和应对能力，而这些因素可以解释电子健康素养与照料负担之间的关系。其次，本研究中使用的数据是由照顾者和被照顾者自行提供的，我们无法验证数据的真实性。未来的研究应结合定性数据来验证自我报告的定量数据，检验电子健康信息的来源，发现信息来源可能存在的问题，弄清楚到底是哪种类型的照料负担和电子健康素养有关。最后，我们没有采用随机抽样的方式选择研究对象，这限制了研究结果的可推广性。

　　尽管存在这些局限性，本研究通过明确照顾者的教育背景可能缓解或加强电子健康素养对照料负担的影响，阐明电子健康素养与照料负担之间的关系。研究结果可以让研究人员考虑到照顾者教育水平对电子健康素养与照顾者负担之间关系的调节作用。电子健康素养对于认知症老人的照顾者至关重要，因为它可以帮助照顾者有效识别健康资源，并正确使用这些资源，提升认知症老人的生活质量，降低自身的照料负担。电子健康素养的提升，离不开医护人员的信息指导，以使照顾者采取最恰当的照料方式，作出正确的照料决定。此外，我们需要重点关注受教育水平较低的照顾者，保证其在遇到健康问题时，有更广阔的网络途径和手段去获取信息，有更明确的分辨手段去判断理解信息，有更高效和更主动的形式去利用信息，最终解决健康问题。切勿让低质量甚至相互矛盾的健康信息加剧我国家庭照顾者的照料负担。

## 第六节　主要照顾者的正向体验及影响因素

### 一、主要照顾者的正向体验

照顾者正向体验也可以称为照顾者积极感受，最早关于正向体验的概念由 Lawton 等在 1989 年提出，认为照顾者能通过自己的努力，从照料中获得益处。1992 年 Lawton 等重新将其定义为：照料经历给生活带来的积极体会。研究表明它可能有不同的维度，有益的积极照料体验视为对抗负面体验的应对机制（Lawton et al., 1991）。照顾者的"自我成长"、"受到的感谢"、"掌控感"和"被需要感"（Cheng et al., 2016）等都是正向体验的维度之一，照顾者能够发现这些积极感受并识别积极感受带来的变化。由此，正向体验可以被定义为照料体验所带来的主观收获感或个人满意度（Cohen et al., 2002）。

先前的研究试图将正向体验整合到用于理解照料压力的压力应对模型中（stress-coping model；Pearlin et al., 1990；Roff et al., 2004）。然而，有研究发现，照顾的积极和消极体验并不是同一连续体的相反两端。二者之间的相关性十分有限（Kinney and Stephens, 1989；Rapp and Chao, 2000）。积极和消极体验的预测因素往往并不相同，照顾者正向体验的预测因素要少得多（Kramer, 1997；Pinquart and Sörensen, 2004）。因此，有部分学者认为正向体验似乎是照顾的一个独立维度。

基于 Lazarus 和 Folkman（1984）的压力应对模型，Lawton 等人提出了一个复杂的有关照顾者体验的模型（1989）。在这个模型中，照顾者的认知评价在照顾压力和照顾者的心理健康之间起到了中介作用。认知评价包括照顾满意度、感知的照顾影响（客观负担）、照顾的掌握感、照顾的原因和主观照顾负担。只有主观负担、客观负担和照顾满意度在研究中被证实为认知评价的维度。

从现有研究来看，照料认知症患者对照顾者而言是有正向体验的。与照顾负担研究相比，研究照顾者正向体验的文献相对较少。已有的研究表明许多照顾者能够很好地应对他们面临的挑战，将照顾看作一种有益和令人满意的体验（Cohen，Colantonio and Vernich，2002；Farran et al.，1991）。较高的正向体验能够降低照顾者的抑郁和焦虑水平，受被照顾者记忆与行为问题的困扰更小（Mausbach et al.，2006；Pinquart and Sörensen，2004）。此外，照顾中积极的意义构建，以及照顾带来的满足感能够提升照顾者的士气和掌控感（Lloyd，Patterson and Muers，2016）。更重要的是，较高的正向体验能够降低照顾者将认知症老人送到养老机构的倾向（Roff et al.，2004）。因此，对照顾者正向体验的影响因素研究以及干预研究极其重要。

照顾者的正向体验主要表现在以下几个方面。

**角色满意度**。即照顾者很好地履行照顾职责带来的满足感。当照顾者觉得自己做好了照顾的工作，保证认知症老人的安全，给他们带来舒适生活的同时，也会带来自身的满足。研究表明，一些照顾者在照料认知症老人的过程中能够获得较高的满意度。Ribeiro 和 Paúl（2008）描述称照顾者在进行较高难度的相关照料活动时会产生自豪感，而且照顾者在他们的照料角色中发现一种新的使命感。

**情感回报**。除了角色满意度，所有研究都谈到照顾者能够通过照料他人而获得情感回报。这些情感回报通常与被赞赏或成功感有关；而当这些评论来自被照顾的认知症老人时，就显得尤为辛酸（Almberg et al.，1998）。此外，一些成年的子女照料者表示他们特别喜欢老人的陪伴（Jervis et al.，2010；Netto et al.，2009）。尤其是对丈夫来说，照料妻子所带来的社会荣誉是一种情感上的重要回报（Ribeiro and Paúl，2008）。

**个人成长**。许多研究报告称，照顾者能够获得"内在成长"（Netto et al.，2009）。成长的特定领域包括耐心增加（Peacock et al.，2010）、自尊增加（Jansson，1998）和个人自我意识的增强（Sanders，2005）。一些研究提到在那些谈到个人成长的照顾者身上似乎有一种平和感（Peacocket et al.，2010；Sanders，2005）。这种成长似乎与通过学习新技能获得的个人发展是不一样的。男性照顾者（丈夫和儿子）比女性照顾者更有可能用"变得更加谦虚平和"来描述个人成长（Netto et al.，2009；Ribeiro and Paúl，2008）。

**信仰和精神成长**。许多研究都提到信仰增加和精神成长是一个积极的方面，但根据照顾者的样本差异，强调的方式有所不同。在一些研究中，精神成长是照顾者中一个强烈且一致的主题（Sanders，2005）。这些研究往往发生在美国，照顾者通常认为自己有基督教信仰。这些照顾者认为他们的信仰能够使他们承担照顾的角色，并为他们提供坚持下去的力量（Netto et al.，2009）。这个特点对于妻子照顾者来说尤其突出（Sanders，2005）。无论宗教背景如何，照顾者似乎对生活有更加广泛的看法，而且他们发现自己的生活因为照料他人而有新的意义。

**关系收益**。大多数研究都认为人际关系收益是照料的积极结果。配偶照顾者表示单纯陪伴自己的丈夫或者妻子也能带来关系的收益，即使对方不会回报（Ribeiro and Paúl，2008）。他们还认为，认知症的发作和日益增长的依赖性可以加强他们的关系并带来更多的情感联结（Murray and Chamberlain，1999）。丈夫和妻子都表示，照料对方能够增进关系的亲密感（Peacock et al.，2010；Ribeiro and Paúl，2008）。对于成年子女照料者来说，关系收益表现在，与因日常生活而变得疏远的父母之间的关系得到加强（Jansson et al.，1998；Netto et al.，2009）。他们将认知症的发作视为与父母或祖父母共度时光并真正了解其父母或祖父母的机会（Jervis et al.，2010）。此外，这些照顾者表示，在照料过程中他们与直系亲属的关系有所改善。照顾者发现照料他人的同时也会鼓励自己更多地欣赏周围的人（Netto et al.，2009；Jervis et al.，2010）。

**责任感。**在许多研究中，配偶照顾者认为，坚守责任感也会得到回报。他们解释说，坚持婚姻誓言是一种内在的回报，并为能够终身照顾配偶而感到自豪（Murray and Chamberlain，1999；Ribeiro and Paúl，2008）。患病前关系亲密的配偶更有可能表达这些感受（Ribeiro and Paúl，2008；Shim et al.，2012）。

**互惠。**许多研究称，除了实现责任感外，照料者在互惠中找到满足感，或者认为照料是回馈亲人的机会（Jervis et al.，2010；Murray and Chamberlain，1999；Peacock et al.，2010；Ribeiro and Paúl，2008）。照顾者说，他们想要回报之前自己从配偶或父母那里得到的爱和关怀（Peacock et al.，2010；Jansson et al.，1998）。研究表明，丈夫尤其热衷于回报他们所获得的爱和关怀，而妻子则倾向于将照料视为关系的延续（Murray and Chamberlain，1999；Peacock et al.，2010；Ribeiro and Paúl，2008）。

本研究通过照顾正向体验量表（Positive Aspects of Caregiving，

PAC）来测量正向体验。PAC量表共有11条目，每个条目赋分为1—5分，"完全不同意"赋值1分，"完全同意"赋值5分，可能的得分范围为1分（表示正向体验的最低水平）到5分（表示正向体验的最高水平），PAC最低得分为11分，最高分得为55分，得分越高表示正向体验越高。正向体验PAC的11条目分别为：①让我觉得自己非常有用；②让我感觉自我良好；③让我有被需要的感觉；④让我感到受人感激；⑤让我觉得自己非常重要；⑥让我感到有信心和力量；⑦让我感受到生活的意义；⑧让我学习到新的技能；⑨让我懂得感恩生活；⑩让我以更积极的态度面对生活；⑪增进了我与其他人的关系。该量表在本研究样本中的克隆巴赫α为0.95，表明内部一致性较高。

## 二、照顾者性别、积极应对方式对正向体验的影响分析

本研究团队基于已有文献，选取控制变量——认知症老人和照顾者的年龄、性别、受教育情况和婚姻状况等8个变量，并选取调节变量——每天照料时长，采用逐步回归的方法加入统计模型。

如表4-5所示，加入控制变量之后，照顾者性别对正向体验的影响显著（B=2.85，p<0.1），表明不同性别照顾者的正向体验存在显著差异，女性照顾者的正向体验比男性照顾者高。受"女主内"传统文化的影响，在照料认知症老年人中女性的家庭属性被放大，女性的无偿照料受到家庭和社会的期待，也符合中国传统文化对女性的期待，这可能是女性照顾者正向体验更高的原因之一。此外女性心思细腻、有耐心、擅长情感表达的特点有可能导致其更能从照料行为中获得成就感，正向体验更高。

照顾者积极应对方式对正向体验的影响显著（B=0.59，p<0.01），

表明在控制其他变量的情况下，照顾者的积极应对方式能促进照顾者
的正向体验，即照顾者应对方式越积极，正向体验就越高。照顾者勇于
接受家人患有认知症的事实、用积极的眼光看待认知症，并采取适当
的措施让情况变好，从家人朋友等群体中获得情感支持、照料建议和
其他帮助等，这些积极应对方式能帮助照顾者获得更好的正向体验。

表 4-5　照顾者积极应对方式对正向体验的回归分析表（N=300）

| | B | se | t | p | LLCI | ULCI |
|---|---|---|---|---|---|---|
| 认知症老人性别 | 1.89 | 1.68 | 1.13 | 0.26 | −1.40 | 5.19 |
| 认知症老人年龄 | 0.02 | 0.09 | 0.19 | 0.85 | −0.16 | 0.19 |
| 认知症老人婚姻状况 | −1.16 | 2.21 | −0.52 | 0.60 | −5.51 | 3.19 |
| 认知症老人受教育程度 | −2.19 | 1.56 | −1.41 | 0.16 | −5.26 | 0.87 |
| 照顾者性别 | 2.85* | 1.69 | 1.68 | 0.09 | −0.48 | 6.17 |
| 照顾者年龄 | 0.00 | 0.07 | 0.02 | 0.99 | −0.14 | 0.15 |
| 照顾者婚姻状况 | 0.18 | 2.58 | 0.07 | 0.95 | −4.90 | 5.25 |
| 照顾者受教育程度 | 0.82 | 1.32 | 0.62 | 0.54 | −1.78 | 3.42 |
| 照顾者积极应对方式 | 0.59*** | 0.16 | 3.70 | 0.00 | 0.27 | 0.90 |
| 每天照料时长 | 15.50*** | 5.72 | 2.71 | 0.01 | 4.25 | 26.76 |
| 照顾者积极应对方式 × 每天照料时长 | 15.08*** | 0.17 | −2.47 | 0.01 | −0.76 | −0.09 |
| 常量 | 7.98 | 8.86 | 0.90 | 0.37 | −9.46 | 25.42 |

注：*$p<0.10$，**$p<0.05$，***$p<0.01$。

　　加入照顾者积极应对方式与每天照料时长的交互，交互系数显著
（$B=15.08$，$p<0.01$），表明每天的照料时长能够显著强化照顾者积极
应对方式对正向体验的正向影响，也即是说，每天照料时长对照料感
受发挥着重要的作用。绘制照顾者每天照料时长的调节效应图（见图
4-3），从图中可以看出，12 小时同样是临界值。每天照料时长 12 小

时以下，积极应对方式能够大幅增加正向体验；每天照料时长 12 小时以上，积极应对方式能够小幅增加积极照顾感受。每天照料时长 12 小时以上，照顾者可能最需要的是喘息服务等外部支持，帮助减少照料时长，让照顾者有机会学习照料知识，提高照料技能，或者让照顾者进行自我照料，减轻照顾者的生理负担和心理负担，提升积极照料感受。

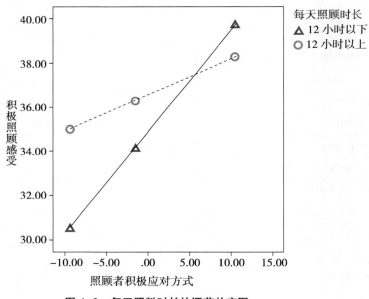

图 4-3    每天照料时长的调节效应图

### 三、照顾者社会支持状况对正向体验的影响分析

照顾者社会支持状况对正向体验的影响显著（B=0.48，p<0.01），表明在控制其他变量的情况下，照顾者受到越多的社会支持，正向体验就越高。来自家人和朋友的社会支持是一种重要的支持力量，能够分担照顾者的照料负担、缓解照料压力，社会支持给予照顾者依赖的可能、减少孤独感、增加心理认同感。照顾者身边可利用的非正式社

会支持越多，对于获取正向体验就越有帮助。

表4-6 照顾者社会支持状况对正向体验的回归分析表（N=300）

| | B | se | t | p | LLCI | ULCI |
|---|---|---|---|---|---|---|
| 认知症老人性别 | 1.62 | 1.71 | 0.95 | 0.34 | −1.75 | 5.00 |
| 认知症老人年龄 | 0.01 | 0.09 | 0.16 | 0.87 | −0.16 | 0.19 |
| 认知症老人婚姻状况 | −0.18 | 2.27 | −0.08 | 0.94 | −4.64 | 4.28 |
| 认知症老人受教育程度 | −1.85 | 1.57 | −1.18 | 0.24 | −4.94 | 1.24 |
| 照顾者性别 | 3.64** | 1.69 | 2.15 | 0.03 | 0.30 | 6.97 |
| 照顾者年龄 | 0.08 | 0.07 | 1.12 | 0.27 | −0.06 | 0.23 |
| 照顾者婚姻状况 | −0.63 | 2.58 | −0.24 | 0.81 | −5.71 | 4.46 |
| 照顾者受教育程度 | 0.40 | 1.38 | 0.29 | 0.77 | −2.32 | 3.12 |
| 照顾者社会支持状况 | 0.48*** | 0.15 | 3.26 | 0.00 | 0.19 | 0.77 |
| 照顾者获取电子健康信息 | 10.23** | 4.54 | 2.25 | 0.03 | 1.28 | 19.17 |
| 照顾者社会支持状况 × 照顾者获取电子健康信息 | 9.82** | 0.20 | −2.06 | 0.04 | −0.81 | −0.02 |
| 常量 | 10.95 | 8.28 | 1.32 | 0.19 | −5.34 | 27.25 |

注：*p<0.10，**p<0.05，***p<0.01。

　　加入照顾者社会支持状况与照顾者获取电子健康信息的交互，交互系数显著（B=9.82，p<0.05），表明照顾者获取电子健康信息能够显著强化照顾者社会支持网络对正向体验的正向影响，获取电子健康信息作为了解认知症和学习照料技巧的一种手段，在照料过程中发挥重要的调节作用。绘制照顾者电子健康信息的调节效应图（见图4-4），从图中可以看出，照顾者没有获取电子健康信息时，照顾者得到的社会支持能够大幅增加正向体验；照顾者获取电子健康信息时，照顾者得到的社会支持能够小幅增加正向体验。随着网络的不断发展，照顾者利用网络获取健康信息，丰富获取健康信息的渠道和手段，网络逐

渐成为照顾者重要的信息来源，照顾者能够在网络中学习到相关的疾病知识、照料技巧，甚至利用微信等形成网络互助小组。在这样的情形下，线下社会支持的功能在一定程度上被线上支持所替代。但是，目前网络健康信息复杂多样，网络的虚拟性和隐蔽性可能导致不可靠健康信息的传播，照顾者需要认真辨别网络健康信息的质量。特别对老年照顾者而言，对电子健康信息的检索能力存在不足，高质量健康信息和低质量健康信息难以区分，虚假、错误的电子健康信息可能让老年人沉迷保健品和偏方，耽误正规的治疗，威胁认知症患者的健康，甚至同一错误信息可能在老年群体的社交圈内传播，造成更大的危害。因此，社会工作者要帮助老年照顾者有效的获取、辨别、应用网络健康信息，同时进一步提升线下的社会支持，线上和线下的服务相结合，共同帮助照顾者提高正向体验。

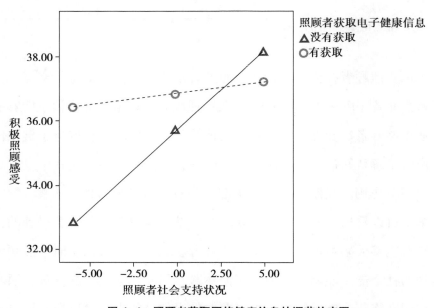

**图4-4　照顾者获取网络健康信息的调节效应图**

# 第五章　认知症的感知威胁和影响因素分析

## 第一节　认知症感知威胁的定义与测量

阿尔兹海默症及相关认知症在全球范围内呈现高发态势，成为全球第七大死亡原因[①]。世界阿尔兹海默症报告显示，全球患有认知症的人数为 4680 万，估计到 2030 年将增加到 7470 万，到 2050 年将增加到 1.31 亿（Prince，2015）。中国是世界上认知症人数最多的国家，约占全球认知症人数的 20%（Song and Wang，2010）。根据中国老龄协会 2021 年的报告，中国 60 岁及以上的认知症患者人数已从 1990 年的 368 万增加到 2020 年的 1507 万，预计到 2050 年将攀升至 2898 万（Chan et al.，2013；中国老龄协会，2021）。认知症会严重影响记忆、行为、思维和社交能力，甚至会干扰人们的日常生活活动和社会自主能力，从而给患者个体、患者家庭和整个社会带来严重的负担，所估计认知症每年给全球带来的额外支出 1 万亿美元。值得注意的是大约 1/3 的认知症患者生活在低收入和中等收入国家，这进一步地加剧了这些国家的负担，患者也极有可能无法获得国家相对完善的服务。

---

[①]　World Alzheimer Report 2021, https://www.alzint.org/resource/world-alzheimer-report-2021/.

认知症的感知威胁研究具有重要的临床意义。认知症的感知威胁是指对患上阿尔兹海默症及其他认知症的恐惧与担忧，适度的认知症感知威胁可以促进个体及时的诊疗和求医行为，会提高个体进行认知症早期筛查的积极性，从而对个体的健康产生正向的积极影响。然而，过度的认知症感知威胁可以引发个体严重的焦虑情绪，从而引发一系列负面的健康行为的改变，如过度搜寻有关认知症的信息，如将正常的记忆衰退误认为认知症。

1996 年，Cutler 和 Hodgson 首次提出"认知症的感知威胁"这一概念，以解释预期性认知症（将正常的记忆下降解释为认知症的前兆）（Cutler and Hodgson，1996）。在这一概念提出后，已有研究大多使用单个问题来测量个人的认知症感知威胁（French et al.，2012），如："您对自己已患上认知症的担忧程度"。在 2000 年时，Roberts 开发了一个由 7 个条目组成的认知症感知威胁量表（Roberts，2000），通过 7 个条目测量个体自认为患上认知症的可能性、个体对于认知症的关注程度和个体对认知症带来后果的感知三个方面来测定其认知症感知威胁，但这一量表仅针对认知症患者的亲属进行抽样测试，从而限制其量表的有效性和适用性。2012 年时，French 开发 FADS 量表（The fear of Alzheimer's disease scale）用以测定认知症的感知威胁（French et al.，2012），这一量表包括 30 个条目，重点测量个体的记忆下降、由于恐惧和焦虑引发的身体症状、对认知症的担忧态度、对认知症影响家庭的担忧等方面的内容。2015 年，Sun 等人对华裔美国人进一步开发了 PTADS 量表（Perceived Threat of Alzheimer's Disease Scale）（Sun et al.，2015），测量个体以下五方面内容：患上认知症的感知概率、对患上认知症的担忧、与其他疾病相比对认知症的担忧程度、对认知症给个人和家庭带来负担的担忧、过度寻求认知症信息的行为。

## 第二节　中国照顾者对认知症的感知威胁

这一节我们主要探讨中国认知症老年人的家庭照顾者对认知症的感知威胁，并研究其与照料负担、照料的正向体验和电子健康素养的关系。团队在 2019 年从中国武汉的三个城市社区收集了 300 名认知症老人的照顾者的数据。在控制其他因素（如人口统计学变量、健康变量和社会支持变量）后，本研究使用分层多元回归来研究认知症的感知威胁及其与照料负担、照料的正向体验和电子健康素养的关系。回归分析显示，年龄较大、女性、家庭收入较低、抑郁症状较多和朋友支持网络较小，都会增加对认知症的感知威胁。照料负担和电子健康素养都会显著增加对认知症的感知威胁。较高的家庭收入和较长的照料时间可以缓冲照料负担对认知症感知威胁的影响。基于此，本研究认为未来应进一步采取干预措施来降低照顾者的照料负担并增加其电子健康素养；应增加喘息服务和社区老年人护理床位，以减少照顾者的照料负担。此外，在提高互联网有关认知症的信息质量的同时，应增强认知症的家庭照顾者的电子健康素养。

下面详细从研究背景和理论模型、数据分析方法、影响因素分析结果和研究的主要发现与意义四方面介绍我们团队的这项研究。

### 一、感知威胁的研究背景和理论模型

阿尔兹海默症和相关认知症在中国已经变得非常普遍。中国是世界上认知症患者最多的国家，占全球认知症病例的 20%（Song and

Wang，2010）。根据中国老龄协会 2021 年的报告，中国 60 岁及以上的认知症患者人数已从 1990 年的 368 万增加到 2020 年的 1507 万，预计到 2050 年将攀升至 2898 万（Chan et al.，2013；中国老龄协会，2021）。认知症引发的严重后果，以及目前尚无有效的医疗方法来治愈阿尔兹海默症等认知症的事实，引发了老年人对认知症的感知威胁（Brunet et al.，2012；Daviglus et al.，2010）。认知症的感知威胁，即对患上认知症的担忧，可能导致焦虑症和不恰当的健康行为，如不必要的过度诊疗需求（Roberts and Connell，2000；Werner，2003）。

尽管对认知症的感知威胁有大量的研究，但目前对于认知症患者的家庭照顾者的研究却很有限。1996 年，Cutler 和 Hodgson 首次提出了"阿尔兹海默症感知威胁"的概念，以解释预期性痴呆（将随衰老出现的正常的记忆下降解释为痴呆的迹象）（Cutler and Hodgson，1996）。虽然研究人员高度关注认知症亲属的认知症感知威胁（Cutler and Brăgaru，2017；Cutler and Hodgson，1996；Roberts and Connell，2000；Wain et al.，2009），但对认知症患者的家庭照顾者的认知症感知威胁的实证研究目前仍比较缺乏。据我们检索所得，目前只有两项研究对认知症照顾者的感知威胁进行了研究（Alberts et al.，2011；Kim et al.，2016）。这两项研究都在发达国家开展，不能代表发展中国家的实际情况。此外，这两项研究的参与者人数都不多（一项研究为 116 人，另一项为 12 人），这限制了研究结果的可信度。为了填补上述的研究空白，本研究在中国，世界上最大的发展中国家，研究 300 名认知症家庭照顾者的认知症感知威胁及其影响因素。

指导感知威胁研究的理论框架是疾病的常识模型（illness common-sense model）。该模型认为，对疾病的感知来自对个人经历和疾病相关信息的非专业解释（Hagger and Orbell，2003）。实证研究已经证实，认知症的感知威胁受到与认知症相关的个人经历的影响（Ostergren et al.，2017；Zeng et al.，2015），但个体对这类经历的不同认知解释是否会对认知症感知威胁产生不同的影响尚不清楚。有研究发现认知症患者的照顾者以不同的方式解释他们的照料经历（Shim et al.，2012）：部分照顾者将其视作为照料负担（消极解释），部分照顾者却从照料中获得正向体验（积极解释）。另外，根据常识模型，关于认知症的知识也影响着认知症的感知威胁。现有的研究结果表明，阿尔兹海默症的科学知识与较高的阿尔兹海默症感知威胁有关。一个有趣的问题随之诞生，电子健康素养，也即搜索、寻找、评估和应用互联网健康信息的能力（Christie et al.，2019），是否会诱发认知症的感知威胁，因为更高的电子健康素养带来了更多的关于认知症的信息，从而使个体更容易认识到认知症的易感性和严重性。在目前世界各国政府开始通过电子健康素养干预活动提升认知症患者照顾者的照顾能力的背景下（Christie et al.，2019），这一问题有着其现实的政策意义。

综合现有的研究和常识模型的观点，我们假设：①当其他因素被控制时，照料负担会增加认知症的感知威胁；②在控制协变量后，照料的正向体验会减少认知症的感知威胁；③较高的电子健康素养会与较高的认知症感知威胁相关。

## 二、感知威胁的数据分析方法

首先，我们利用描述性统计来描述参与者的特征和他们对认知症的感知威胁。其次，本研究进行相关分析和方差分析，以检查认知症的感知威胁与其他变量（即照料负担、照料的正向体验、电子健康素养和其他控制变量）之间的关联。最后，我们进行分层回归来检验提出的假设。

## 三、感知威胁的影响因素分析

表 5-1 为研究变量和描述性统计。这 300 名照顾者的年龄从 26 岁到 99 岁（M=67.82，SD=13.94）。他们中几乎所有的人（98%）都与被照顾者同住，每天至少花 8 小时提供照顾服务。大约 69.3% 的照顾者是被照顾者的配偶，28.3% 是被照顾者的子女或儿媳、女婿。照顾者的照顾时长从 1 到 540 个月不等（M=77.44，SD=76.61）。更多其他信息请参见表 5-1。

表 5-1　研究变量和描述性统计表（N=300）

| 变量（取值范围） | 均值（标准偏差 SD）或频数（%） |
| --- | --- |
| 年龄（26—99） | 67.82（SD=13.94） |
| 是否与认知症老人同住（1= 是，0= 否） | 0.98（SD=0.15） |
| 每日平均照料时长（1—24） | 21.69（SD=5.37） |
| 与认知症老人的关系（1—3） | 1.33（SD=0.52） |
| 　　配偶 | 208（69.3） |
| 　　子女、儿媳、女婿 | 85（28.3） |
| 　　其他 | 7（2.3） |
| 以月为单位的照料时长（1—540） | 77.44（SD=76.61） |
| 认知症感知威胁（9—45） | 22.86（SD=8.36） |
| 照料负担（12—60） | 27.59（SD=11.82） |
| 照料的正向体验（11—55） | 36.22（SD=9.60） |
| 电子健康素养（8—40） | 23.10（SD=9.87） |
| 性别（1= 男性，0= 女性） | 0.51（SD=0.50） |

续表

| 变量（取值范围） | 均值（标准偏差 SD）或频数（%） |
|---|---|
| 教育程度（1—6） | 2.96（SD=1.38） |
| 　　小学及以下 | 48（16.0） |
| 　　初中学历 | 73（24.3） |
| 　　高中学历 | 86（28.7） |
| 　　大专学历 | 40（13.3） |
| 　　本科学历 | 42（14.0） |
| 　　研究生及以上 | 11（3.7） |
| 婚姻状况（1=已婚，0=未婚） | 0.93（SD=0.25） |
| 家庭平均月收入（1—12）* | 8.90（SD=2.43） |
| 自评健康（1—5） | 3.15（SD=0.78） |
| 躯体生活自理能力（7—21） | 20.72（SD=1.47） |
| 工具性日常生活功能（8—24） | 22.70（SD=2.23） |
| 抑郁程度（10—40） | 17.26（SD=4.91） |
| 是否与配偶同住（1=是，0=否） | 0.89（SD=0.32） |
| 是否与子女同住（1=是，0=否） | 0.33（SD=0.47） |
| 子女数量（0—7） | 1.76（SD=1.01） |
| 家庭支持网络规模（3—18） | 10.79（SD=3.18） |
| 朋友支持网络规模（3—18） | 11.33（SD=3.60） |

注：* 家庭平均月收入取值为 1（715 元以下）至 12（10000 元以上）。

至于照顾者认知症的感知威胁（见表 5-2），照顾者最担心的是认知症的严重后果（认为认知症具有威胁性）（M=3.87，SD=1.22），其次是对家庭成员造成的照料压力（M=3.72，SD=1.40），再次是与其他疾病相比认知症的可怕性（M=2.50，SD=1.42），以及记忆丧失的影响（M=2.45，SD=1.44）。双变量分析显示，更多的照料负担（r=0.64，$p < 0.001$）、更高的电子健康素养（r=0.13，$p < 0.05$）、年龄更大（r=0.18，$p < 0.05$）、女性（r=-0.18，$p < 0.01$）、教育程度更低（r=-

0.13，p＜0.05）、已婚（r=0.12，p＜0.05）、家庭月收入更低（r=- 0.21，p＜0. 001）、较低的自我评价健康（r=-0.24，p＜0.001）、更 多的抑郁症状（r=0.64，p＜0.001）、不与孩子一起生活（r=-0.13，p ＜0.05）、有更多的孩子（r=0.15，p＜0.05）、较小的朋友支持网络 （r=-0.17，p＜0.01）都与更多认知症感知威胁显著相关。

表 5-2　中国照顾者的认知症感知威胁表（N=300）

| 量表中的条目 | 均值 | 标准偏差 |
| --- | --- | --- |
| 我不认为认知症是危险的（反向编码） | 3.87 | 1.22 |
| 如果我患有认知症，我的家人会很有压力 | 3.72 | 1.40 |
| 与其他疾病（如高血压、糖尿病）相比，我更担心患上认知症 | 2.50 | 1.42 |
| 我担心我的记忆力出现下降 | 2.45 | 1.44 |
| 我担心自己在不久的将来会患上认知症 | 2.28 | 1.41 |
| 我希望能确切地知道自己哪天会患上认知症 | 2.20 | 1.18 |
| 我经常向医生和其他人询问有关预防认知症的信息 | 2.01 | 1.15 |
| 随着年龄的增长，我经常会想到认知症 | 2.00 | 1.13 |
| 我太担心认知症了，以至于晚上都睡不着 | 1.82 | 1.11 |

注：每个条目的回答取值从 1（完全不同意）到 5（完全不同意）。

表 5-3 显示分层回归的分析结果。第一个模型包括三个自变量作 为认知症感知威胁的预测因素。从第二个模型到第四个模型，人口统 计学变量、健康变量和社会支持变量被逐步纳入。四个模型的调整 R2 都高于 40%，表明所有模型都能很好地拟合数据。在所有其他因素的 控制下，发现照料负担（B=0.26，SE=0.04，p<0.001）与认知症的感 知威胁之间存在正相关。当其他变量被控制时，照料的正向体验与认 知症的感知威胁没有显著关联，这与双变量分析的结果一致。在控制 了协变量后，发现电子健康素养（B=0.17，SE=0.04，p <0.001）与认

知症的感知威胁之间存在明显的正向关系。表5-3还表明，年龄较大（B=0.10，SE=0.04，p＜0.01）、女性（B=-2.24，SE=0.73，p＜0.01）、家庭平均月收入较低（B=-0.55，SE=0.18，p＜0.01）、抑郁症状较多（B=0.58，SE=0.10，p＜0.001）和朋友支持网络规模较小（B=-0.27，SE=0.10，p＜0.05）都与更高水平的认知症威胁感知显著相关。

表5-3　分层多元回归分析结果表（N=300）

| 认知症的感知威胁 | 模型1 | 模型2 | 模型3 | 模型4 |
|---|---|---|---|---|
| 照料负担 | 0.45***（0.03） | 0.41***（0.03） | 0.28***（0.04） | 0.26***（0.04） |
| 照料的正向体验 | 0.09*（0.04） | 0.05（0.03） | 0.01（0.04） | 0.01（0.04） |
| 电子健康素养 | 0.05（0.04） | 0.16***（0.04） | 0.15***（0.04） | 0.17***（0.04） |
| 人口统计学变量 | | | | |
| 　年龄 | | 0.15***（0.03） | 0.12***（0.03） | 0.10**（0.04） |
| 　性别 | | -2.94***（0.75） | -2.38***（0.71） | -2.24**（0.73） |
| 　教育程度 | | 0.12（0.33） | 0.01（0.30） | 0.08（0.31） |
| 　婚姻状况 | | -0.11（1.39） | -0.18（1.51） | -0.64（1.97） |
| 　家庭平均月收入 | | -.69***（0.19） | -0.50**（0.17） | -0.55**（0.18） |
| 健康变量 | | | | |
| 　自评变量 | | | 0.05（0.47） | -0.03（0.46） |
| 　身体生活自理能力 | | | -0.04（0.49） | -0.06（0.46） |

续表

| 认知症的感知威胁 | 模型 1 | 模型 2 | 模型 3 | 模型 4 |
|---|---|---|---|---|
| 工具性日常生活功能 | | | 0.26<br>（0.23） | 0.32<br>（0.23） |
| 抑郁程度 | | | 0.56***<br>（0.10） | 0.58***<br>（0.10） |
| 社会支持变量 | | | | |
| 　与配偶同住 | | | | 0.90<br>（1.49） |
| 　与子女同住 | | | | 0.51<br>（0.77） |
| 　子女数量 | | | | 0.36<br>（0.45） |
| 　家庭支持网络规模 | | | | 0.08<br>（0.10） |
| 　朋友支持网络规模 | | | | −0.27*<br>（0.10） |
| 截距项 | 6.08***<br>（1.77） | 3.53<br>（2.90） | −5.83<br>（8.77） | −3.87<br>（8.10） |
| adj. $R^2$ | 41.8% | 49.7% | 54.9% | 55.5% |

注：括号中的数值为标准误。

　　* $p < 0.05$，** $p < 0.01$，*** $p < 0.001$。

　　为了更好地解释照料负担和认知症感知威胁之间的关系，我们对照料负担和两个调节变量进行了交互分析。表 5-4 显示，家庭平均月收入（B=-0.03，SE=0.01，$P < 0.05$）和照顾时间（B=-0.001，SE=0.000，$P < 0.05$）都能调节照料负担和认知症感知威胁之间的关系。图 5-1 显示，照料负担对认知症感知威胁的影响受到家庭平均月收入的缓冲。图 5-2 显示，随着照顾时长的增加，照料负担对认知症感知威胁的边际效应下降，当照顾者提供照顾的时长超过 200 个月

（约17年）时，照料负担与认知症感知威胁不再有统计学意义。我们还对教育程度和电子健康素养进行了交互分析，发现教育程度并不能调节电子健康素养对认知症感知威胁的影响。

表5–4　家庭月收入、护理时间和教育的调节作用表（N=300）

| 认知症的感知威胁 | 模型1 | 模型2 | 模型3 | 模型4 |
|---|---|---|---|---|
| 照料负担 | .28*** (.04) | .60*** (.13) | | |
| 家庭平均月收入 | –.45* (.18) | .35 (.42) | | |
| 照料时长（月） | .00 (.00) | .03* (.01) | | |
| 照料负担 × 家庭平均月收入 | | –.03* (.01) | | |
| 照料负担 × 照料时长（月） | | –.00* (.00) | | |
| 电子健康素养 | | | .21*** (.04) | .26** (.09) |
| 教育程度 | | | –.07 (.32) | .41 (.84) |
| 电子健康素养 × 教育程度 | | | | –.02 (.03) |
| 控制变量 | 已控制 | 已控制 | 已控制 | 已控制 |
| 截距项 | –2.69 (9.34) | –7.22 (8.50) | –.60 (6.91) | –1.82 (7.20) |
| adj. $R^2$ | 52.6% | 53.8% | 47.9% | 47.8% |

注：括号中的数值为标准误。

$*p < .05$，$**p < .01$，$***p < .001$。

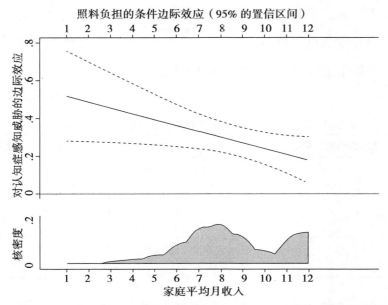

图5-1　随着家庭月收入变化的照料负担对认知症感知威胁的条件边际效应图

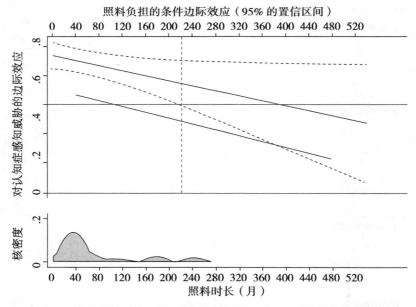

图5-2　随着照料时长变化的照料负担对认知症感知威胁的条件边际效应图

### 四、感知威胁研究的主要发现与意义

随着中国认知症患者人数的不断增加，认知症老人的家庭照顾者数量也在增加。目前学界只有两个发达国家（加拿大和韩国）调查研究了认知症照顾者的感知威胁（Alberts et al., 2011；Kim et al., 2016），本团队首次开展了对中国认知症老年人的家庭照顾者的认知症感知威胁及其相关因素的研究。

我们的第一个假设，即较高的照料负担会增加对认知症的感知威胁，得到了我们研究结果的验证。这一发现与 Alberts 等人（2011）的研究不同，Alberts 等人发现在加拿大，照料负担与认知症的感知威胁没有显著关联。一方面，在 Alberts 等人（2011）的研究中，只有1/3 的参与者是认知症老人的照顾者，而本研究的参与者全部是认知症老人的家庭照顾者。另一方面，由于中国大陆缺乏对认知症患者的正式支持（Wang et al., 2014），中国照顾者的客观和主观照顾负担比发达国家更重，这种差异可能是导致照料负担对认知症感知威胁的影响不同的原因。至于照料负担对认知症感知威胁的影响机理，一个可能的解释是，较高的照料负担往往是由于照顾病情更严重的患者，这使照顾者更能认识认知症的严重性和危害性，从而导致照顾者更高水平的认知症感知威胁。另一个可能的解释是，较高的照料负担使照顾者认为如果他们将来患上认知症，他们也会给家庭带来沉重的负担，从而使他们更担心患上认知症。我们还发现，较高的家庭月收入和较长的照料时长（以月为单位）都可以缓冲照料负担对认知症感知威胁的影响。这可以解释为月收入较高的照顾者有更多的资源去应对以后患上认知症的状况，而照料经验较多的照顾者有更多的应对智慧来减少因照料负担而导致的认知症感知威胁。

　　我们的第二个假设，即在控制协变量后，照料的正向体验会减少认知症的感知威胁，但这一假设被我们的研究结果否定了。实证显示，照顾者确实会从照料服务中获得正向体验（M=36.22，SD=9.60）。其中，照顾者最开心的是他们从照料服务中获得一种被需要的感受（M=3.70，SD=1.11），其次是他们从照料中学习到新技能的感受（M=3.47，SD=1.20）、他们觉得帮助到了被照顾者的感受（M=3.35，SD=1.04）以及他们自我感觉良好的感受。但实证结果显示，这种正向体验不能减少他们对认知症严重性的感知，因此对认知症的感知威胁没有影响。

　　我们的第三个假设，即较高的电子健康素养与较高的认知症感知威胁有关，也得到了证实。这一发现与已有的研究结果相类似，既有研究发现美国华人的认知症科学知识与更多的认知症感知威胁相关（Sun et al.，2015）。具有较高电子健康素养的照顾者更有可能在互联网上浏览关于认知症科学信息的网站，从互联网上获取更多的认知症科学知识，这使个体意识到认知症的易感性和严重性，增加对认知症的感知威胁（Joo et al.，2021；Scerri and Scerri，2017；Sun et al.，2015）。此外，由于互联网上认知症信息的质量参差不齐（Morahan-Martin，2004），具有较高电子健康素养的照顾者由于更频繁地接触到有关认知症的网上信息，也更多地接触到网上的不良信息，受到不良情绪的驱动。尽管有部分研究显示，教育水平可以调节认知症知识和认知症感知威胁之间的关系（Sun et al.，2015），但我们的研究结果并没有证实教育对电子健康素养和认知症感知威胁之间关系的调节作用。

　　我们还发现，年龄大的照顾者往往会有更高水平的认知症感知威胁，这与现有的基于不同国家普通老年人群体的研究结果一致（Arai et al.，2012；Cantegreil-Kallen and Pin，2012；Cui et al.，2020；Ryu and Park，2019）。年龄大的人群，其认知能力往往会趋于下降，从而导致他们更担心未来会患上认知症。本研究还证实了女性与更多的认知症感知威胁有关，这与部分既有研究结果相一致（Jang et al.，2018；Tang et al.，2017），但目前也有部分研究没有发现性别是认知症感知威胁的重要影响因素的研究（Cutler and Brăgaru，2015；Kinzer and Suhr，2016）。此外，较高的家庭平均月收入是认知症感知威胁的保护因素。家庭收入较高的照顾者可能认为，如果他们将来患上认知症，他们的家庭可以承受沉重的照料负担和费用，这种经济上的信心使他们对有朝一日患上认知症不那么担心。此外，抑郁症状是感知到认知症威胁的一个风险因素，这与现有研究发现一致（Gao et al.，2020；Kinzer and Suhr，2016；Sun et al.，2015）。然而，在这项横断面研究中，我们不能排除两者的反向因果关系，即可能是认知症感知威胁导致更多抑郁症状。有趣的是，我们的研究发现，朋友支持网络的规模可以减少认知症的感知威胁，但家庭支持网络规模却并没有这样的作用。这里面可能的解释是，拥有强大的支持性朋友网络的照顾者觉得将来他们患上认知症时，仍能得到许多朋友的支持，因此对患上认知症的担忧有所下降；而认知症家庭往往因照顾患者而出现较多的家庭矛盾，这种家庭矛盾可能抵消了家庭支持对认知症感知威胁的影响。

　　然而，我们也需要承认本研究的局限性。首先，参与者都是来自中国中部省份的城市社区，这可能使研究结果在中国其他地区，特别是中国农村地区不具有代表性。其次，我们的横断面样本不能推断出认知症感知威胁及其影响因素之间的因果关系。最后，本研究没有纳入文化和环境变量，而这些变量也可能对认知症的感知威胁有很大影响。对于未来的研究，一个有趣的方向是研究文化和环境背景如何影响认知症的感知威胁。

我们的研究发现，照料负担和电子健康素养都会增加认知症的感知威胁。目前由于中国大陆缺乏针对认知症患者的正式护理服务，90% 以上的认知症患者都是由非正规护理人员照顾的（绝大多数为家庭成员），他们承受着巨大的负担。中国政府应当利用长期护理保险资助和增加认知症照顾者的喘息服务和家庭养老床位，以减少家庭照顾者身体、情感和经济上的负担。同时，应进一步提高家庭照顾者的电子健康素养，因为电子健康素养可以帮助家庭照顾人员利用网络上的电子健康信息，作出正确的健康决策，提供高质量的照顾服务。然而，在提高其电子信息素养的同时，也应提高互联网上认知症相关信息的质量。此外，对于年龄较大、家庭平均月收入较少、抑郁症状较多、朋友支持网络较小的女性家庭照顾者，需要更加有针对性的服务支持。

# 第六章　对主要照顾者的社会工作干预建议

## 第一节　干预目的

认知症作为一种原生性、退行性脑部疾病，随着病情加重，患者需要接受长期照顾以维持基本的生活，缓解症状。目前我国的社会保障以及社会福利还处于完善阶段，长期护理机构和认知症床位并不完善，居家照顾仍然是认知症患者长期照料的主要形式。家庭照顾者因长期照料认知症患者而导致的生理、心理、社交和经济负担亟待关注。在老龄化社会，随着认知症群体的不断增加。认知症照顾者同样是需要我们给予关注与支持的"隐形患者"，其生活质量和被照顾者的生活质量息息相关。针对认知症家庭面临的种种困境，我们呼吁建立完整的社会支持体系，降低照顾者在生理、心理、社会关系和经济上的多重压力和负担，从而提升认知症患者的生活质量，提升家庭整体的生活质量。

针对家庭照顾者进行社会工作干预时，首要的干预目的即是帮助照顾者提升疾病认知和照护技巧等。我国的照顾者主要由其家庭成员担任，大多为老年配偶（Wu et al.，2019）。调查显示，家庭照顾者普遍缺乏对认知症的科学认识以及对患者的照顾技巧，比如日常康复训练以及正确服药等常规护理，这将会导致患者在家中无法接受正规照顾以及康复治疗，可能会耽误认知症的治疗进展。此外，家庭照顾者在沟通技巧、安全护理等方面存在很大的问题，难以应对认知症患者的行为问题和精神症状（穆福骏、潘乃林，2012）。提高家庭照顾者对于疾病的认知，让其学会科学的照护方法，使认知症患者在家中也能接受科学的照顾和护理显得至关重要。在我们对主要照顾者开展的社会工作干预中，可以讲解认知症的科学知识，指导照顾者掌握照护技巧，比如提高认知症患者日常生活能力、应对患者行为问题的方法等等，提升照顾质量。

值得注意的是，在提升认知症照顾者对疾病认知的同时，我们不应忽视疾病认知对照顾者自身心理健康的影响。一直以来，我们似乎忽视了这样一个问题：照顾者对认知症的科学认知到底会提升还是降低照顾者的心理健康水平？

对于这个问题，已有的研究没有定论。例如，对以色列人（Werner and Davidson，2004）和美国少数族裔（Laditka，2013）的研究发现，针对认知症的疾病认知会减少对认知症患者的病耻感（stigma）。然而，针对中国和华裔美国人的病耻感研究似乎与先前的发现相矛盾：疾病认知会增加对认知症的感知威胁（Gao et al.，2020；Gray et al.，2009；Shi et al.，2020；Sun，Gao，and Coon，2015）。美国卫生与公共服务部的报告（U.S.Department of Health and Human Services，1999）也得出结论，在过去几十年中，随着认知症科学知识的推广，对认知症的病耻感并没有减少。此外，有证据表明，对精神分裂症症状的疾病认知，会增加对精神分裂症患者的污名（Penn et al.，1994）。我们团队根据武汉的研究数据，发现疾病认知会增加对认知症的感知威胁。与现有的研究一致，即在中国人和华裔美国人中，老人掌握的认知症知识与感知威胁存在正相关关系（Gray et al.，2009；Shi et al，2020；Sun，Gao，and Coon，2015）。我们确认更高的疾病认知水平，与老人的病耻感和感知威胁共存，表明仅提供认知症的科学知识并不会减少针对认知症的病耻感或恐惧感。未来的社会工作干预在推广认知症科学知识的同时，要注意降低人群对认知症的病耻感或恐惧感，不应忽视疾病认知对照顾者自身心理健康的影响。

面对一种认知功能逐渐退化的疾病，照顾者承受生理、心理、社会关系和经济上的多重压力和负担。通过对主要照顾者开展社会工作干预，可以达到减缓生理负担、减轻心理和社会负担、缓解经济压力的干预目的。

具体来讲，主要包括以下三方面。

在生理上，家庭照顾者不仅需要注意患者的日常饮食起居，还需要整体规划患者的认知功能训练以及康复进程，这必然会占用主要照顾者大量的时间和精力，尤其是对于子女照顾者，在承担工作压力之余，还需要腾出时间照顾认知受损的老年父母，这必然会加重他们的生理负担，产生过度劳累、体力不支的症状。针对照顾者的生理负担，社会工作者可以采用中国传统锻炼方式，例如八段锦、五禽戏、太极拳等，改善照顾者的生理健康水平，缓解因照顾引发的身体疼痛等问题。值得注意的是，在我们的社会工作干预中，应该将身体健康更多地作为一种干预结果。换句话说，我们应该将生理负担的改善作为评估照顾者干预项目的重要指标。当家庭照顾者的自评健康较低时，不得不放弃自己作为"照顾者"的角色。对家庭照顾者的干预中，建议增加生理健康的重要指标，例如照顾者的自评健康、身体疼痛评分等。

在心理上，由于认知症患者在后期可能会出现"错认"、"妄想和猜疑"、"幻觉和错觉"、"情感淡漠"、"激越"、"攻击"、"游荡"等精神行为问题，面对不可逆转的病情以及长期照料的苦闷，家庭照顾者的心理健康状况值得关注，主要表现为抑郁、焦虑等症状。有研究显示，中国认知症患者的主要照顾者中，焦虑问题十分普遍：31.45%为轻度焦虑，55.06%为中度焦虑，而13.49%为重度焦虑（王洋、刘佳鸿、姚新，2018）。本团队的研究，也证明了家庭照顾者的抑郁症状普遍存在。家庭照顾者的心理问题一直以来都是社会工作者的干预重点，社会工作者运用专业方法与技巧提供社会心理干预，干预手段丰富多样，或者提升正念水平，或者提高心理弹性，或者开展认知重塑，或者进行放松训练等（金芳、郑子月、姚新，2020）。但是这些干预缺乏科学的方法验证其有效性，尤其缺乏社会工作研究人员运用"真实验"或者"准实验"验证某种具体的干预手法是否有效地实现干预目标。

在经济与社会上，由于认知症患者病情的发展，所需钱财和照顾时间增加，照顾者不能像往常一样工作，经济收入就会减少，给照顾者带来一定的经济负担；加上照顾者由于时间安排受到限制，社会交往受到影响，休闲活动减少，负面情绪得不到释放，产生了很大的社会负担（童川、廖敏，2017）。相关研究结果表明，照顾者收入水平与负担水平有关，随着照顾者收入升高，负担水平下降，较高收入的照顾者的经济压力小，从而减轻照料负担（许丽华、张敏、闻子叶，2016）。

简言之，对主要照顾者的社会工作干预目的，可包括以下几点。

第一，提升主要照顾者对于认知症的认识程度，掌握有效的护理技巧，使患者在日常生活中能够得到正规专业的护理以及康复训练，弥补初级保健服务和疾病筛查的空隙；

第二，针对主要照顾者因照顾患者引发的过度劳累、体力不支等生理问题，通过社会工作干预课程，添加改善照顾者生理健康的训练，达到缓解因照顾引发的身体疼痛问题；

第三，在心理上，针对主要照顾者因长期照顾患者导致的焦虑、抑郁等心理困扰，运用社会工作的专业方法与技巧，共情主要照顾者的内心感受，转变照顾理念，掌握合理的缓解压力的技巧，满足他们内心渴望被人理解与关注的需求；

第四，在经济与社会上，针对因照顾患者产生的经济压力，以及负面情绪得不到释放而产生的社会压力，根据照顾者的压力及负担水平，制定相关护理干预，减轻照顾者的社会负担及压力。

## 第二节　干预原理与机制

国内外学者对支持认知症照顾者的干预措施进行了大量研究，在促进照顾者的自我照顾的同时，也改善与认知症患者之间的关系互动。在减轻照顾者负担方面可以采用多种干预类型，例如认知行为疗法、REACH 干预模式等。认知行为疗法是一种针对照顾者的干预方法，是对主要照顾者进行疾病认知以及照顾技能的培训，其中认知方面是帮助主要照顾者树立正确的疾病观念，提高应对压力的心理素质，技能培训则是培训主要的照顾技能，帮助主要照顾者更好地照顾认知症患者。REACH（the Resources for Enhancing Alzheimer's Caregiver Health）干预模式涉及多种干预策略，拥有多个项目地点，涵盖多个族裔，是美国最知名的认知症照顾者干预项目，主要包括针对照顾者的小组和家庭支持、个体化信息供给、心理辅导、技能培训、环境干预等（Schulz et al.，2002）。研究表明，实施综合干预措施比单一的干预措施更能减轻照顾者的负担（Chodosh et al.，2015）。远程干预则是近期兴起的一种干预模式，它让家庭照顾者在家庭中接受互联网远程干预，有助于提升照顾者的参与度，且具有成本低廉的优势。

我国对认知症家庭照顾者的干预研究目前处于探索阶段，干预形式多以健康讲座和群体支持为主，干预内容主要包括照顾知识宣讲、照顾技能培训和照顾者心理支持等，大部分缺乏理论指导，并且没有经过严格的实验设计和系统论证。目前，以正念与接受为主的认知行为治疗的第三浪潮正在兴起，从关注认知行为的组成部分向行为激活转变，越来越多的证据表明正念和冥想干预对照顾者有效，可以改善照顾者的生活质量（Hurley et al.，2014；Waelde et al.，2017）。本研究以行为激活（Behavior activation）为核心，设计干预内容，旨在提升认知症家庭照顾者的生活质量。下面重点阐释其干预原理与机制。

## 一、行为激活疗法的提出和原理

20 世纪 70 年代，Ferster 在研究中发现，抑郁患者强化积极行为的频率较低，对厌恶性刺激的回避和逃避频率较高，通常表现为抱怨或求助。此外，回避行为在减少厌恶感的同时对该行为产生了强化，从而形成了回避的行为模式（Ferster and Charles，1973）。

之后，Lewinsohn 指出抑郁患者虽然仍有积极健康的行为，但他们却很少能够从其所处的环境中获得"反应—积极强化"（response-contingent positivereinforcement），进一步增强抑郁水平。因此，早期抑郁症的行为治疗侧重于增加患者生活中的"愉悦事件"（Lewinsohn and Coyne，1974）。

　　认知行为疗法是目前国际上常用的改变认知和行为的方法，该方法的宗旨在于改变不良认知，消除不良情绪，促进积极行为。但该方法实施门槛高，在推广上易受限制。而行为激活疗法（Behavioral activation）作为第三代认知行为疗法（Cognitive-behavioral therapy）的核心，是 20 世纪 70 年代早期，Lewinsohn 等（1974）为治疗抑郁症而设计的一种行为干预方法，具有操作简单、易于推广的特点。尽管行为疗法有着悠久的历史并且有大量数据支持其用于治疗，但增加愉快活动和减少不愉快活动的策略让许多治疗师感到过于简单，因而一度失去优势。然而，在 1996 年，Jacobson 及其同事在一项针对 150 名重度抑郁症患者的随机对照实验中发现行为激活疗法作为一种纯粹的行为干预，与完整的认知行为疗法一样有效（Jacobson et al.，1996）。经过两年的纵向追踪，无论是抑郁症的急性期治疗还是缓解期的巩固预防治疗，行为激活疗法的效果与完整的认知行为疗法并无差异。该结果引起学者的广泛关注，也大力推动了行为激活治疗的研究进程（代硕，2019）。

　　Martell 和 Jacobson 等在上述研究的基础上加入对消极强化作用的关注，认为不充分的积极强化（positively reinforcing stimuli）或过度的厌恶刺激（aversive stimuli）是导致抑郁情绪产生的原因。抑郁症行为和回避行为，又进一步加重抑郁情绪，因此形成恶性循环（Martell，Michael and Jacobson，2001）。行为激活基于行为学的理论，通过愉快活动来增加积极强化，同时避免退缩行为，帮助抑郁患者从活动中得到愉悦感和掌控感，打破抑郁情绪的恶性循环，缓解抑郁症。

　　行为激活疗法常作为一种短期的结构化方法，治疗师在与抑郁症患者进行充分交流后，通过为患者安排愉悦感和掌控感较高的活动来进行行为激活，增加健康行为的积极强化作用，减少抑郁症行为的消极强化作用，最终使患者恢复到正常的精神健康水平（Jacobson，Martell and Sona，2001）。该疗法的所有技术都服务于一个基本目标——"行为激活"，通过行为激活的方法激发患者参与到能够给他带来愉悦感和控制感的日常活动或社会活动中，使其健康行为得到积极强化，并随之减少社交回避等非适应性行为，促使患者重回正常的生活轨道（李英仁、刘惠军、杨青，2019）。

行为激活疗法最开始应用于抑郁症这一与认知症共存的疾病。抑郁症患者无法从环境中获得回报感，不愉快的事件使得他们的积极强化减少，心境恶劣，这是情绪问题出现的初级阶段。当他们选择逃避或者回避这些不愉快的事件，虽然这些回避或逃离的行为可以让其暂时摆脱烦恼，但是会衍生出次级问题，长期来看会带来不良结果，使其很容易被困在抑郁的恶性循环当中，脱离自己身处的世界，变得消极无为，从而感到更加抑郁。相较于早前的行为治疗，行为激活疗法在增加愉快活动的基础上，根据患者个体的功能评估和具体的生活目标，安排相应的日常活动，让患者明确地知道哪些是回避行为。近年来行为激活疗法逐渐在国内得到推广，在社区卫生服务中心、戒毒所、住院部、门诊部等部门得到运用（宋倩、苏朝霞、王学义，2013），也推广到青少年、大学生、老人、孕妇等多类型群体中（李英仁、刘惠军、杨青，2019）。行为激活疗法虽然起始于抑郁症患者的治疗，但对于其他人群的自我管理、追求积极人生意义等方面也具有重要的临床价值。美国、中国、日本等多个国家都采用随机对照试验证明了行为激活的效果，说明其具有较好的适应性。由此，本研究以行为激活疗法为核心，对认知症主要照顾者进行服务干预，以期能够推动主要照顾者由"内"而"外"发生转变，帮助达到身、心、社、灵方面的和谐。

## 二、行为激活疗法的理论基础

行为激活疗法起源于抑郁的行为主义理论。针对抑郁这一常见的心理障碍，学界对其起源提出了多种理论解释，其中产生较大影响力的是认知理论和行为主义理论。认知理论的主要观点是个体的认知决定其行为的产生，因此抑郁的产生原因是个体存在错误的认知模式，代表人物为艾利斯（Albert Ellis）和贝克（Aaron Temkin Beck）。艾利斯于 1955 年提出理性情绪理论，提出"人并非为事情所困扰，而是被对这件事情的看法所困扰"，指出不合理的认知观念会引发不良的情绪和行为反应，从而导致情绪和心理障碍（Dryden and Windy，2005）；而美国心理学家贝克于 1976 年提出认知疗法，认为个体心理障碍的根源在于使用消极的、有偏差的认知方式去解释日常生活发生的种种事件，因此对心理障碍的治疗的关键在于改变个体的认知方式（Beck，1976）。而行为主义理论认为抑郁常常由造成巨大压力的负面事件引起，导致个体无法从正常的生活事件中获得积极的正向反馈，从而引发心理障碍，代表人物有弗斯特（Charles Bohris Ferster）和刘易斯顿（Peter Lewinsohn）。弗斯特在 1973 年提出抑郁的特征是正常生活活动（工作、学习、社交）的减少与逃避性活动的增加，主张关注抑郁患者的行为和活动（Ferster and Charles，1973）；刘易斯顿在1974 年进一步提出抑郁的整合模型，强调抑郁产生的原因是患者的健康行为无法得到充分的积极强化（Lewinsohn，1974）。

基于认知理论的认知疗法侧重于改变个体的认知方式去治疗抑郁等一系列的心理障碍，而基于行为主义理论的治疗方式则聚集于改变个体所处的环境与个体的行为。基于行为主义理论的行为激活疗法起始于 20 世纪 70 年代。然而当时的医生们并不相信单独的行为激活能够产生疗效，行为激活疗法并未得到充分的发展，当时盛行的是结合了认知理论和行为主义理论的认知行为疗法，认知行为疗法采用矫正错误的认知模式和改变个体的行为方式帮助个体建立良性循环（Rothbaum，2000）。认知行为疗法的基本假设是认知与行为相互影响，心理障碍往往由认知和行为的恶性循环引起，即错误的认知模式导致不适当的行为和情绪，而不良的行为与情绪又会反过来对个体的认知产生负面影响。因此，认知行为疗法的治疗模式将重点放在认知重构和行为重建上，通过两者的同时发力来帮助心理障碍者重新形成生活的"良性循环"（Rothbaum et al.，2000）。认知行为疗法由于其疗效的显著性而逐渐成为具有极大影响力的心理辅导与治疗的主流手段。

　　然而，Jacobson 等人在 1996 年分析了认知行为疗法的成分，对比发现行为激活疗法与完整的认知行为疗法的效果并无差别，都具有良好的治疗效果（Jacobson et al.，1996）。相较于认知行为疗法，行为激活疗法具有操作简单容易、治疗成本较低的优势，因而在 20 世纪 90 年代后期，行为激活疗法开始得到极大的发展，成为治理心理问题和障碍的主流手段之一。近些年来，行为激活疗法的应用场景不断丰富，已经不仅仅局限于治理抑郁等心理障碍，还延伸拓展到帮助健康人群提升自我管理能力、追求积极人生。

### 三、行为激活疗法的干预优势

　　认知症作为一种原生性的脑部退行疾病，患病后，患者的生活自理能力和社会活动能力逐步减退。受区域经济发展水平、医护资源有限、传统观念等原因的影响，目前我国认知症老人主要由家庭照顾者提供照料。在照料的过程中，照顾者在身心上受到不同程度影响，负面影响主要体现在抑郁、焦虑、过度劳累、经济负担重等方面。有效的干预能有效提高照顾者的照顾知识和技巧，降低照料负担，提高认知症老人和家庭照顾者的整体生活质量。行为激活疗法作为第三代认知行为疗法，能通过增加愉悦感和掌控感较高的活动，增加照顾者生活中的积极强化，促使照顾者回到正常的生活状态中。具体而言，其优势主要体现在以下几个方面。

（一）缓解不良情绪，促进心理健康

在长期的照料中，照顾者心理会受到很大影响，主要表现为抑郁、焦虑、认知功能受损等症状。相关研究表明，行为激活疗法有助于缓解抑郁情绪，特别是在联合药物使用时，能增加服务对象的服药依从性，有更好的远期治疗效果和预防复发的作用。

Collado 等人曾在一项实验中评估行为激活治疗对抑郁症的疗效。在随机对照试验中，参与者随机接受 10 次抑郁症行为激活治疗或 10 次支持性咨询。在每次治疗之前和完成治疗后 1 个月进行评估（Collado et al.，2016）。结果显示，与接受支持性咨询的患者相比，接受行为激活治疗患者的抑郁症状得到显著缓解。Cullen 等将 25 名抑郁症患者随机分配到行为激活组和对照组，分别在干预前、干预后及干预结束 3 个月后使用抑郁量表进行测量，结果显示行为激活组在 Beck 抑郁自评量表和修正版汉密顿抑郁量表的分数上显著减少，行为激活组在两个抑郁量表上的分值明显优于对照组（Cullen et al.，2006）。

在抑郁症的治疗中，通常会辅以药物治疗。有研究表明，行为激活联合药物治疗效果显著，主要表现在有效改善抑郁情况、预防复发等作用上。黄秋明等人选取 80 位抑郁患者，对干预组和对照组患者以草酸艾司西酞普兰片进行治疗，干预组在对照组基础上增加行为激活疗法（黄秋明，2017）。研究结果表明，采取药物治疗联合行为激活疗法的干预组效果较好，有助于改善患者的抑郁症状，同时提高患者服药依从性（黄秋明，2017）。李玉霞将 42 位抑郁患者随机分配到联合治疗组（行为激活疗法结合药物治疗）和对照组（仅提供药物治疗），干预共计 10 周，并分别在干预前、干预后及干预结束 1 年后采用修正版汉密顿抑郁量表和生活质量综合评定问卷测量参与者的抑郁症状和生活质量状况。实验结果显示联合治疗组的干预结果显著优于对照组，行为激活治疗的疗效有较好的持续性，能够减少抑郁症的复发（李玉霞，2011）。

（二）缓解经济压力，恢复社会功能

认知症会对患者及其照顾者的社会功能带来不同程度的影响，主要表现在经济压力增大、社交活动受限等方面（童川、廖敏，2017），而行为激活疗法则能通过短期培训、团体辅导等方式，降低服务费用，增加照顾者的社交活动，促进社会功能的恢复。

从经济适用角度讲，Ekers 等在一项随机对照试验中发现，对于缺乏治疗经验的初级心理健康工作者，能够通过必要的培训，提供临床有效的行为激活治疗。因而，在缺少治疗设施时，心理健康工作者可以采用成本低、效果好的行为激活疗法服务更多的照顾者，有效降低服务成本和收费（Ekers et al.，2011）。

与个案治疗法相比，Porter 等人研究了行为激活团体疗法（BAGT）在公共环境中对抑郁症的疗效，研究表明通过团体形式提供的行为激活疗法将比一对一的个案干预提供额外的成本效益，也就是说行为激活团体治疗可以使治疗师同时为多位患者服务，提高服务效率，同时降低服务成本。此外，团体形式的服务能够促进照顾者之间的交流，增加群体认同感，提供相互的情感支持，搭建社交活动，构建社会支持体系（Porter et al.，2004）。

（三）方法灵活便捷，提升服务成效

照顾认知症老人需要花费大量的时间，照顾者很少有时间脱离认知症老人接受长期的线下服务。在大数据时代的背景下，通过在线培训以及手机软件等方式可以解决这一问题。

Kristen 等通过分析比较照顾者在干预前、干预后和长期随访时的知识和能力表明，干预后照顾者的知识和能力都有所提高，随着时间的推移，得分保持不变。因而，线上干预对照顾者来说具有高度的灵活性，不一定需要成本较高的线下培训，照顾者在家里使用闲暇时间即可完成线上干预课程，较好地适应了不同照顾者的特殊情况（Sorocco et al.，2018）。

Toshi 等人重点检查行为激活疗法的哪些方面最具贡献，针对使用智能手机接受认知行为治疗的重度抑郁症患者，进行为期 9 周的随机对照试验，在网络服务器中记录研究对象参与的所有行为激活任务。结果表明，干预中对个人最有意义的是获得持续的愉悦感（Furukawa et al.，2018）。

## 第三节　基本干预内容

本团队以行为激活为例，重点阐释行为激活的课程模块及其主要干预内容（附录 F）。行为激活的课程设置要进行个性化的处理，根据所在社区照顾者和患者的特点进行设计，大致有如下模块可供选择。

## 一、焦虑和病耻感

### （一）对应模块

疾病。

### （二）内容

学习疾病知识，正确认识疾病发展的客观规律，选取适当的方法应对疾病，减少焦虑情绪；讲解疾病的知识，理解非药物干预的好处，比如正确呼吸、正面冥想，重新感受身体的变化，进行放松训练等。

### （三）测量

焦虑测试、病耻感和健康素养。

## 二、愤怒和攻击

### （一）对应模块

管理问题行为与沟通。

### （二）内容

什么情况让你感到愤怒，甚至具有攻击性？是你的亲人的行为问题？还是自己的压力太大，或是觉得自己的需求被忽视，需要有人关心？我们可以从识别问题行为情境下的"引因—反应—行为"链条，利用日记的方式帮助你记录你所经历的事件、你的情绪和你的想法，我们还会进一步帮你识别你的行为，以及采取应对措施。另外，我们还会讲解沟通的技巧，沟通可是一门大学问，我相信大家都有很丰富的沟通经验，我们一起把沟通的具体情况再次重演，发现其中的奥秘。

### （三）测量

压力、应对方式、照料负担以及家庭团结。

### 三、悲伤和犹豫

（一）对应模块

规划愉快事件。

（二）内容

跟大家分享自己感到悲伤、无力的照顾时刻，给予照顾者支持和鼓励。协助照顾者记录下自己的愉快事件，鼓励照顾者抽时间享受自己的愉快事件，并且鼓励照顾者和亲人一同经历这样的愉快事件。

（三）测量

抑郁。

### 四、恐惧

（一）对应模块

未来计划、事前预嘱（advance directive）、痛苦管理。

（二）内容

理解照顾者恐惧的内容，提前预想恐惧情境，做好未来的医疗规划和疼痛管理计划，积极应对将要发生的事情。

（三）测量

疾病威胁。

### 五、自信

（一）对应模块：提升照顾自信

（二）内容

重新去界定你的照顾者角色，检测自己是否过度疲劳，是否压力过大，是否因此作出太多牺牲等。鼓励照顾者去利用已有的社会资源，不要害怕寻求帮助，不要一个人承担一切，可以通过专业人士（社工）的陪伴，从照顾生活中得到新的感受，得到更多的满足、更多的成就感和价值感。

（三）测量

照顾积极感受、生活质量。

具有相同特点的人群构成的小组活动是有效果的，但是需要尊重照顾者的意愿。干预设计需要考虑特定地区特定群体的特点，考虑到传统文化的影响，比如，中国人普遍担忧"丢脸"，常羞于表达个人私事，更不愿意在众人面前表露自我的弱点。

本团队设计的干预手册（见附录 F）共有四节课组成，分别是压力监测、愉快事件、管理问题行为和沟通技巧、未来规划和提升照顾自信，以供社会工作者或其他专业人士参考，实践中可以根据研究者的干预目的选取适合的模块开展活动，结合服务对象的个性化需求，能起到较好的服务效果。每个模块之间通过电话、入户走访或小组等方式对照顾者的情况进行跟踪，回应照顾者在课程上未能理解的部分，帮助照顾者深入掌握课程内容。在实际操作中，可以将每个模块和环节的时间进行记录，以分析时间对内容传授的影响，便于工作者反思自己的实务操作过程。

# 第四节　干预服务的困境

在认知症老人的护理中，除了探讨疾病的护理和患者的需求，同时应该关注在照顾中起关键作用的家庭照顾者，不少认知症患者因自我照顾能力下降，其照顾者不得不承担更多的生活照料责任，也更容易出现失眠、抑郁等身心问题和经济社会压力。服务虽是基于照顾者的需求而设计，但也面临着参与服务的出席率难保证、干预影响程度难分析、结构化与个性化难协调等困境。

一是照顾者参与服务的出席率低。在认知症老人的护理中，由于老年认知症患病时间长，认知障碍干扰日常生活功能，自理能力减退的认知症老人需要长期陪护，长期的负面照顾经历导致大部分照顾者患有压力、失眠、紧张、偏头痛或抑郁症（朱蓓、林征、邵志梅，2017），由此亟须为照顾者设计相应的社会服务，缓解照顾者面临的照顾压力。但是，照护服务占用照顾者大量的时间，限制照顾者的社交时长和范围，导致照顾者参与干预服务的出席率较低。如果能在干预服务的同时妥善安置被照顾的认知症老人，有可能极大地提升照顾者的出席率。

二是服务结构化与个性化难协调。虽然照顾者存在许多共性需求，但是不同照顾者在实际服务中会呈现不同的个性化需求，进而影响干预的效果。干预设计需要在初始阶段收集照顾者的需求，尽量确保其主要需要在服务项目中得到满足，并动态评估照顾者在不同照顾时间点的不同需求。研究者应使用"优势视角"去看待照顾经历，看到照顾者在这个充满挑战的照顾过程中所独有的韧性。但是，研究者应注意到，虽然照顾者各有差异，在认知症不同阶段的需求也不同，但项目能够提供的人力物力资源有限，不可能完全满足照顾者的服务需求，应在服务结构化与个性化之中寻找平衡点。

三是干预影响程度难分析。多成分联合的干预会比单纯的社会支持项目效果要好，未来的干预项目不仅要关注到照顾者的心理健康，还应关注照顾者的生理健康以及照顾的积极感受；要探讨干预成分的最佳组合模式，提高项目的可持续性。但由于多成分的复杂性，主要的驱动因素不甚清晰，各成分之间的关系不明确，容易导致干预结果描述困难，也无法探究到底是哪几个成分造成照顾者结果变量的变化。因此正确地选择干预成分和结果变量显得尤为重要。此外，随机对照试验研究者大多关注干预对主要结果的影响，较少关注干预的机制，厘清中介变量和调节变量的影响作用，对于干预的运作机制至关重要。

# 第七章　认知症友好型社区的建设及
支持政策建议

## 第一节　认知症友好运动的历史沿革

### 一、国外关于认知症老人友好型社区建设的经验

由于日本老龄化问题较为严重，认知症友好运动最早源于日本，1997 年，日本的部分地区就开始倡导提升全社会对认知症的意识。2005 年，日本开始系统地提出建设"认知症老人友好型社区"的理论框架。2012 年，日本厚生劳动省制定为期五年的"桔色计划"（Orange Plan），计划为认知症患者提供一系列的医疗保健、社会关怀和倡导服务。桔色计划的特点是在社区综合支持中心成立初步的支持小组，为患者提供家访、评估、信息和建议，并在地方政府设立认知症协调专员。2013—2014 年日本召开"认知症国际政策研讨会"、"认知症峰会日本后续活动大会"等国际会议进行政策研讨。紧接着，2015 年日本厚生劳动省联合多部门启动"新桔色计划"，即《认知症政策推进综合战略——面向构建认知症老人友好型社区》，该计划在广泛调研认知症患者及家属的意见后启动，从患者及家属的观点出发，提出普及、加深全社会对认知症的科学理解，提供及时、必要的认知症诊

治服务，全面推进认知症患者在内的老年友好型社区建设等（许悦，2020）。"新桔色计划"旨在建立对认知症患者的诊治、照护和社区支持的综合性服务体系（Hayashi et al.，2017），这一连串的政策加深了认知症在日本社会中的认识程度，从患者和家属的角度出发，促进日本多部门合作，共同打造认知症老人友好型社区。为进一步深化相关政策，2018年，日本为制定认知症国家战略专门推动"推进认知症施策相关阁僚会议"，并于次年审议通过《认知症政策推进大纲》。其中第一条便是理解、支持认知症患者本人发出自己的声音。这一大纲的颁布，标志着认知症问题不再是个人和家庭的问题，而是升级成为日本的国家战略，为认知症相关的科学研究和临床治疗提供有力的制度支撑（许悦，2020）。除此之外，日本脑科学较为发达，在阿尔兹海默症的诊断和治疗方面作出许多前沿探索，在阿尔兹海默症药物研发、医疗护理产业等领域建设日本模式，并进行整体性的产业输出，将会对全世界的老年健康产业造成一定影响（陈祥，2020）。

除去最早开始进行认知症友好运动的日本，许多发达国家和地区都先后开展提高认知症社会认识的活动。以英国为例，英国较早步入老龄化，于2009年2月发布主动应对认知症的国家战略，核心政策包括：通过社区基本医疗实现尽早筛查、早期诊治，综合各层级医院及照护机构的认知症服务、减少抗精神病药物（Antipsychotic drugs）使用、提升老年护工薪资等五个方面。研究表明，英国的国家战略能够帮助认知症患者愉快享受生活、改善疾病诊治服务、提供生活援助，并改善公众对认知症的刻板印象等。在实施认知症国家战略后，英国的大型综合性医院减少了认知症患者的不必要住院，鼓励对确有住院需要的患者提供相应的认知症护理，重视在老年照料机构中进行临终关怀。此外，抗精神病药物常常是治疗认知症患者精神行为问题的首选药物，但是，为将药物副作用控制在最小范围内（例如肥胖等），英国大幅度减少此类药物的使用（陈祥，2020）。

英国阿尔兹海默症协会提出"认知症老人友好型社区"的建设必须要以患者为中心，"在一个认知症友好的城市、城镇或村庄，认知症患者得到理解、尊重和支持，并相信他们可以为社区生活做出贡献。人们会意识到并理解认知症，而认知症患者会感到自己被包容和参与其中，对自己的日常生活有选择和控制"。并提出以改变其他人群、组织和机构、环境为辅的建设框架（Connell and Page，2019）。这里的"其他人群"包括儿童、年轻人和学生，要挑战他们对认知症的刻板印象并重塑其对认知症的正确认识。环境主要是指在居住和交通方面给予认知症老人的便利（Alzheimer's Society，2014），例如便于认知症障碍群体确认方位的物理环境（easy to navigate physical environment）。组织和机构包括商业、文化娱乐产业、志愿组织、医疗和社会服务部门、急救部门（例如医疗急救中心）：商业部门需要回应认知症消费者的需求；社会服务部门等应友善地帮助认知症群体融入社区，确保社区活动涵盖认知症患者；医疗和社会服务部门应提供规范化的早期诊断和个性化、整合性兼备的照料。最后，认知症老人友好型社区应该致力于向认知症患者增能，承认他们对家庭和社区的贡献。

世界卫生组织（WHO）在各国实践的基础上，对各国的工作经验进行总结，并公布《2017—2025认知症全球行动计划》，以推动和支持"认知症老人友好型社区"的建设。其中一个重要目标是成员国至少开展一项普及认知症的宣传和教育运动，至少一半的成员国应颁布一项建设"认知症老人友好型社区"的政策。

## 二、国内关于认知症老人友好型社区建设的经验

认知症老年人口的急剧增长给社区服务供给带来巨大挑战，目前我国近 90% 认知症老人的照料主要由家庭成员于社区内提供，照料负担过大，照料时间可长达 20 年之久（孙飞等，2019）。认知症老人的记忆问题（短期记忆差等）、认知问题（丧失时空感等）、行为问题（攻击性等）、心理问题（多疑、易怒等）、自理问题（大小便失禁等）和社区融入问题等，都对家庭造成巨大的压力，仅仅依靠家庭的力量难以应对。

为积极应对人口老龄化，包括我国在内的大部分国家，越来越重视"老年友好型社会"的建设。2020 年 11 月，中共中央、国务院印发《国家积极应对人口老龄化中长期规划》再一次明确提出"构建家庭支持体系，建设老年友好型社会"，坚持走出一条中国特色的积极老龄化道路。同年 12 月，国家卫生健康委、全国老龄办发布了《关于开展示范性全国老年友好型社区创建工作的通知》，以推进老年友好社会建设，切实增强老年人的获得感、幸福感、安全感。"认知症老人友好型社区"的建设，正是"老年友好型社会"的重要组成部分。如何统筹多元主体的力量，扩大参与范围，运用健康科技规划社区环境，改善社区文化，围绕认知症老人提供专业化、多样化的社区服务，在"老年友好型社会"的框架之下，打造"认知症老人友好型社区"，是社区服务供给机制改革的新方向，也是积极应对老龄化的重要举措。

在我国，青岛市率先开展积极应对认知症方面的工作。2016 年，青岛市被入选国家长期护理保险第一批试点城市。同年，市政府与英国驻华大使馆合作，借鉴英国认知症社区照护经验，推进青岛社区认

知症者照护体系建设试点项目，选择在 8 个城市社区开展认知症知识宣讲及友好型社区建设试点。2016 年，青岛市出台《青岛市人民政府关于加快推进养老服务业发展的实施意见》（青政发〔2016〕36 号），明确提出"鼓励发展社区失智者照护中心，建设失智者友好社区"。2017 年，青岛市民政局制定下发《关于建设社区失智老人照护中心有关事项的通知》，建立了 10 个示范性的认知症照护中心（6 个照护中心采取机构照护模式，4 个采取社区照护模式），并在全国率先开展将重度认知障碍老人纳入长期医疗护理保险保障范围的试点工作。此外，青岛市已有 4 家医院开设了记忆障碍门诊，主要为有记忆问题的老年人提供服务（田杨，2019）。2021 年，山东省根据鲁民函〔2021〕35 号《关于建立失智老年人防走失关爱机制的通知》，以预防认知症老年人走失为目标，向具备出行能力的认知症老人免费发放智能定位手环，运用 GPS 定位技术实时查找老人位置，统筹各方力量，以监护人找寻为主，建立公安部门、流浪乞讨救助管理机构、养老服务信息平台、基层网格员、社区工作人员、志愿者、新闻媒体多元联动找寻机制，为认知症老年人保驾护航，为认知症老年人家庭排忧解难。山东省在 2021 年向全省不少于 3 万名具备出行能力的认知症老年人发放智能定位手环。

自 2018 年起，上海市长宁区在区属各街道内推广以"认知症社区筛查试验"为基础的"认知症老人友好型社区"建设，构建从最前期的社区倡导，到社区预防、早期筛查，再到确诊后的家庭支持、专业干预、社区服务、照护机构入驻的全链条式服务模式。2019 年，基于长宁区的实践经验，上海市民政局出台了包括《上海市民政局关于在养老服务中加强老年认知障碍照护服务工作的通知》、《上海市老年认知障碍友好社区试点方案》、《上海市认知障碍友好社区建设指引（试行）》在内的一系列政策文件，为"认知症老人友好型社区"在上海的全面推广提供了指引与支持。

上海市虹口区江湾镇街道作为上海市首批 28 个"认知障碍友好社区"建设试点之一，通过与专业组织和机构合作，在社区内广泛开展老年认知障碍的宣传教育、风险测评、早期干预、家庭支持、资源链接和平台建设等探索，取得了较好成效。首先，虹口区江湾镇街道对不同程度认知症的老人开展分类服务、精准服务。借助"多元化"体系，轻度认知障碍老人转接入第一市民驿站的日托服务，对于需要长期照护的中重度老人转介入第二市民驿站长者照护之家及银康老年公寓记忆家园。其中，银康老年公寓记忆家园与上海市民政第三精神卫生中心建立了持续"医养合作"机制，为项目中需要专业医疗诊断和干预的老人提供专业医疗保障。其次，针对居家养老的认知障碍老人，"认知症老人友好社区"为其提供"家庭支持服务"。即由"社区老年认知症支持中心"开展家庭照顾者培训和心灵喘息活动，逐步建立起一套丰富全面的家庭服务体系。在认知症风险测评方面，街道重点对独居老人、孤寡老人等进行一对一的认知症风险测评，详细了解老人的健康状态并做好跟踪记录。对有需要的居民，免费提供认知症的精准筛查以及就医转诊服务。风险评测后，街道为社区内的轻度认知症老年人及认知障碍老年人提供非药物干预训练或专业疗法达到早期干预目的。除为认知症老人提供康复训练设施、工具及充裕的活动、社交、休息空间等专业的服务硬件设施外，通过友好社区的建设，每周为老人提供特色的干预活动，如音乐疗法、身心机能操、益智训练、运动疗法等，探索一系列非药物干预方式。其他试点也积极引入专业力量，通过各阶段分类服务，各主体分工合作，共同促进认知症老年友好型社区建设。上海市虹口区江湾镇街道依托市民驿站、居委会、为老服务机构等各方力量，就近满足认知症老人的养老服务需求，为认知症老年人友好型社区建设提供了经验。2021年3月，上海启动养老服务地方立法，聚焦失能失智老人长期照护，重点解决失能失智老人的护理难题，大力提升社区养老服务的可得性。2021年4月，上海市虹口区启动第二批老年认知症友好社区建设试点工作，继续探索大城市养老问题。

除青岛、上海外，为响应国家卫生健康委、全国老龄办《关于开展示范性全国老年友好型社区创建工作的通知》号召，自2020年12月起，各省市、地区纷纷从居住环境、出行设施、社区服务、社会参与、社会氛围和科技助老六个方面倡导建设老年友好型社区，着重关注社区内失能失智老年人。辽宁省在2021年建立38个"全国示范性老年友好型社区"。北京市自2018年开始率先展开针对失能、失智老年人照顾者的"喘息服务"，让照顾者"喘口气"，服务由政府买单，失能、失智老人每个月可以享受4天免费的专业护理服务。为使更多失能、失智老人家庭享受到"喘息服务"，2021年，北京市政府出台《北京市养老家庭照护床位建设管理办法（试行）》，为本市重度失能或重度残疾老年人每张床位提供每月500元的补贴，致力于减轻失能、失智老年人照顾过程中"一人失能，全家失衡"这一养老难题，减轻家庭养老负担。

"老年友好型社区"已经成为老龄政策新的发展趋势。"老年友好型社区"是适合老年人居住和生活的社区，社区为老年生活提供良好的物理、社会和文化环境，不仅要满足老年人基本的生存需求，也要满足老年人在健康、文化、娱乐、社交等方面的多元需求。在社区中应该推动积极老龄化，老年人不仅仅是照顾服务的被动接受者，也是参与社区建设的"银发力量"，"老年友好型社区"的最终目的是提升老年人的整体生命质量，提升老年人的获得感、参与感。同时，政府和基层社区要通过老年友好社区的建设，积极应对人口老龄化、高龄化带来的挑战。

　　然而，"老年友好型社区"的概念建构，并未充分考虑到认知症老人这一特殊的患病群体及其照护者的需求，也无法回应认知症老人及其家庭在求医问诊、治疗、护理、社区服务使用以及社区融入等方面的特殊需要。建设"认知症老人友好型社区"，能极大地支持家庭对认知症老人进行长期照护，让认知症老人也可以有尊严地生活，能够方便地使用社区中的公共设施和服务，参与到丰富多彩的社区活动中去。同时，也为家庭照顾者和其他家属提供一个友好、尊重和赋能的社区环境（吴聘奇，2018）。

## 第二节　认知症友好社区的界定和基本理念

　　认知症友好社区作为一个近些年才提出的概念，并没有一个统一的定义，但可提炼出一个共同的主题：建立一个对认知症患者及家人友好、尊重、包容的物理环境和社会文化环境。世界卫生组织认为"认知症老人友好型社区"的核心是认知症老人的多元需求，基于这些需求来改善社区环境。"认知症老人友好型社区"应当结合社会工作中"赋权"的基本理念，为认知症患者及其家属赋权，以接纳、尊重的价值观对待认知症老人，使其享有参与社会生活、享受公共服务的权利（Lin，2015）。世界阿尔兹海默症协会指出一个认知症友好的社区应该让痴呆症患者得到理解、尊重和支持，并相信他们可以为社区生活作出贡献。人们会意识到并理解认知症，而认知症患者会感到自己被包容和参与其中，对自己的日常生活有选择和控制的权利。

"认知症老人友好型社区"是近年来全球老年研究中提出的新概念，世界卫生组织对"认知症老人友好型社区"核心和基本价值理念的总结以及其他国家对"认知症老人友好型社区"的定义，对我国本土性的概念建构具有重要的借鉴意义。2012 年，为了倡导在国际和国家层面消除对认知症的污名，世界卫生组织和国际阿尔兹海默症协会联合发布了名为《认知症：公共卫生优先事项》的报告。报告指出：世界上尚且没有任何区域实现对认知症的正常化。建设"认知症友好型社区"，是未来希望所在。"认知症友好型社区"的建设不仅要满足认知症患者生理健康的需要，更要为患者和家属提供全方位的支持。但是，由于社会环境与经济发展水平的差异，欧美国家"认知症老人友好型社区"的概念与行动逻辑并不符合我国国情，亟须对我国的"认知症老人友好型社区"进行本土性的概念建构，明确"认知症老人友好型社区"的核心价值、基本目标和核心内容。

## 第三节　认知症友好型社区的基本框架和建设思路

世界卫生组织认为"认知症友好型社区"的核心是以认知症老人多元需求为中心，改善居住空间和物理环境以及社会文化环境。国外学者基于这个核心，并结合英国阿尔兹海默症协会和世界阿尔兹海默症协会的建议，提出"4P-EASTT"的"认知症友好型社区"的建设框架（孙飞等，2019），概括了认知症友好型社区的四个基本要素（4P），分别代表人员（People）、环境（Place）、政策（Policy）、合作（Partnership）。而"EASTT"则用来概括认知症友好型社区的五个具体干预方式，分别是教育（Education）、倡导（Advocacy）、支持（Support）、培训（Training）和改变环境（Transforming Environment）。

根据"4P-EASTT"建设框架，在充分借鉴其他国家认知症老年人友好型社区建设经验的基础上，结合我国本土认知症老年人友好型社区建设的实际情况，本研究团队提出了多元主体参与、智能化科技结合、服务评估体系构建以及政策实践融入的认知症友好型社区建设思路（见图7-1）。

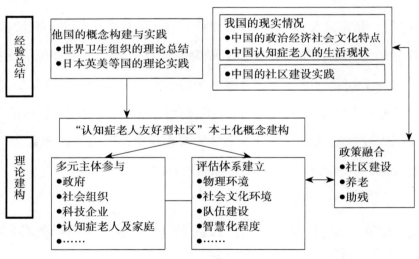

图7-1　"认知症友好型社区"建设研究框架图

## 一、多元主体参与模式

认知症的发展是一个循序渐进的过程，如何根据社区自身特点整合资源，让政府、社会组织、志愿组织、科技企业、科研单位、医护人员、社区居民等主体，在认知症发展的不同阶段以自上而下和自下而上的多种方式共同参与社区建设，在参与过程中让不同主体的利益诉求得到充分表达，构建以老年人及其家庭为核心的多元主体参与模式，是"认知症老年人友好型社区"建设中的关键问题。

根据认知症的特殊性，以全体国民为对象的认知症预防实践是预防、诊断阶段的重点工作。政府作为这项活动的主体，应加强提高社会认知的宣传活动，通过学校教育、公益宣传等途径促进公众对认知症的理解。向社区发放认知症专项基金，在社区内设立认知症咨询中心，成立认知症联络工作。以认知症咨询中心为据点，对认知症高危人群进行疾病预防服务，监控认知功能受损情况，完善早期诊断、治疗和支持体系。

认知症初期，老年人还具备一定的生活自理能力，此时社区应该整合内外资源，在政府政策框架内，积极利用可利用的政策资源和物质资源，为认知症老年人创造便利的生活物理环境。在居家安全方面，社区应积极吸引外部科技创新企业等进入社区，为社区认知症老人提供必要的家居适老化、智能化改造。落实入户服务，与医护人员和专业的照护机构等进行团队合作，为早期认知症老人提供入户探访、送餐、助浴、健康咨询等上门服务，并向老人及家属提供必要的服药指导，宣讲认知症照料的相关知识和技巧。社区、社会组织等在开展活动时也应照顾认知症老年人的特殊情况，尊重和接纳认知症老人，避免因活动设计问题等影响认知症老年人的社会交往和活动参与。

在认知症发展的中期，关注的重心除老年人自身外，还应该包括认知症老人的照顾者。社会组织、志愿组织等积极提供援助认知症患者生活的照护服务，减轻照护者兼顾工作和照护的负担，促进医疗与照护服务、志愿服务等的有机结合，积极应对行动心理症状和并发症等，确保认知症老年人的安全，例如交通安全、防止被虐待等。

认知症晚期的工作重点在于医疗和照护服务体系的有机结合，畅通认知症应对路径，建立保护重症认知症患者临终权利和防止被虐待的支援体系（田杨，2019）。

作为一种病情发展快速且不可治愈的疾病，认知症的应对需要建立整合联动体系。首先，要广泛开展提升认知症意识的宣传教育活动。分阶段、分类别地向公众传递关于认知症的科学知识，尽可能地扩散认知症相关的健康知识，尽可能覆盖所有人群，最大限度地消除社会歧视和污名化。全国性宣传教育活动旨在普及认知症基础知识，地方一级的宣传活动则是对全国性宣传运动的响应，旨在通过动员社区参与，针对特定群体（尤其是日常工作中与认知症患者频繁接触的群体）提供相应的信息。各社区可设置咨询窗口，掌握认知症患者的需求，为患者家庭提供咨询、教育、支助活动等支援。其次，给予认知症老人更多的物质支持、经济支持与心理支持，减轻家庭的照护负担，积极引导认知症患者及其家属参与认知症相关措施的策划、立案和评价。最后，政府也应健全激励政策，推动科技企业和科研单位等对于认知症的预防、诊治、康复及照料的研究，推进科研成果的转化，刺激健康养老产业的发展。

## 二、认知症老年人友好型社区的智慧化建设

建设科技支撑的社会治理体系，是党的十九届四中全会的明确要求。"认知症老人友好型社区"的建设离不开互联网技术与老年健康科技。"认知症老人友好型社区"与互联网技术、传感器、可穿戴设

备等相结合，能很大程度上降低社区和家庭的照料负担。以美国密西根的战溪社区为例，通过给认知症老人佩戴上装有全球定位系统芯片的手环，可以对走失的认知症老人进行卫星定位。除去定位功能之外，该手环所拥有的数据系统可以通过互联网链接认知症老人及家属、医院、警察和急救系统。如果认知症老人走丢，家属可以实时定位老人的地理位置，同时医院和急救人员也可以及时地提供医疗服务。

智慧化的认知症老年人友好型社区，可进一步构建智能终端的适老化水平，实时、全面采集老年人的数据集。采用远程控制单元（RCU）采集、处理与汇聚老年人数据，包括人口信息（年龄、教育水平、住址等）、生理信息（心率、呼吸、血压等）、动作信息（步态、姿态等）及环境信息（位置、跌倒预警信息）等数据，实现动态监测老人的地理位置和健康状况，提供精准预警。终端设备上配备的Apple Watch、摄像头、传感器设备等，可直接采集老年人的部分生理信息（心率、呼吸、血压等）、动作信息（步态、姿态等）及部分环境信息（位置）等数据，并进行实时监控。要充分利用智能云计算服务，优化和完善健康风险预测模型。将终端收集的老年人健康数据传回智能云脑，通过云计算服务，同时结合人类智能进行辅助，完成健康医疗大数据分析，精准评估认知症老年人的健康风险。要以智能云脑为平台，建立安全医疗网络，统筹家庭、社区、医院等资源，根据老年人健康风险的严重程度和个体差异，设计个性化的"线上＋线下"的认知症照护服务。

随着健康科技和养老产业的不断发展，认知症老人友好社区的建设也会不断智慧化，但是健康科技始终无法替代人的照护。认知症老人友好社区的重心仍在人（People）、环境（Place）、政策（Policy）、合作（Partnership）这四个基本要素上。

### 三、认知症老人友好型社区物理环境的建设策略

认知症老人所表现出的症状大致可以被划分为两类，分别为"核心症状"和"精神行为问题"。"核心症状"是具有共性的症状，包括判断力、记忆、辨识、执行功能和计算功能等方面的障碍（雷静雯、张彧和张嵩，2019），而"精神行为问题"则很大程度上是与生活环境之间的不适应而引发的二次症状，包括各种行为症状：如徘徊、暴力行为等，以及抑郁、妄想等精神症状（詹慧，2018）。由于认知症目前暂时没有特效治疗药物，因而非药物治疗成为较为常见的治疗方法。对于认知症老人友好型社区的物理环境建设，是通过物理环境来帮助认知症老年人调动其自身留存的功能、延缓他们的病情发展、降低家庭照顾者的照料强度、提高照顾的效率和质量。因此，从认知症老年人的需求出发，团队总结出如下几条有关认知症老年人友好型社区物理环境的建设策略。

（一）空间布局通透简洁

对于认知症老年人而言，过于空旷或者过于杂乱的环境都会让他们感到不安，同时认知症老年人在早期就会出现空间定向障碍（spacial disorientation）和认路障碍（way finding）（司马蕾、温乐娣和陈毅立，2021），到了中度认知障碍阶段，认知症老年人即使处于熟悉的环境中也可能会出现这些问题。因此在空间布局方面应该采用开阔的空间形式，例如点式、回字形长走廊这样适当开放的布局。这样的布局一方面有助于帮助认知症老年人建立对于整体空间的认知和安全感，提供直接的视觉信息，指引老人将无意识的游走转换为有意义

的漫步。另一方面也有助于照顾者能够及时关注到老年人的异常行为，迅速了解到其动态和需要，从而提高照顾质量。

（二）设置公共活动空间

认知症老人在公共空间中往往会出现无意识游走的"徘徊"行为，这种"徘徊"往往具有趋向性和聚集性，是其缺乏有意义的社交活动，心理需求没有得到满足或是内心无聊的表现（连菲、邹广天和陈旸，2016）。因此在公共活动空间设计中兼顾环境的情感化设计，设置有趣味的活动元素以及可以停留休憩的沙发或者座椅，或者棋牌角、书画角以及报刊阅读角等，使得老人可以短暂休息或参与有意义的社交活动，减少无目的的徘徊行动以及由于徘徊而导致的聚集，以及聚集时可能发生的危险和肢体冲突。

（三）保证细节设施的安全性

认知症老年人由于其身体机能的衰退，其反应速度、平衡能力以及控制能力可能弱于正常老人，因此需要对于物理环境中细节设施的安全性和无障碍设计更加重视。这些细节设施包括：①公共活动区域墙面转角处、活动休憩处的桌椅转折处进行圆角或者钝化处理，防止老人意外磕碰；②在长廊式过道墙面和楼梯墙面上定点装置扶手，辅助老人行走以及短暂休息；③减少多级台阶的设置，地面尽量铺设平整，以缓坡替代门槛以及少量台阶，从而防止老年人因地面的凹凸不平跌倒；④在墙壁较为低矮的地方以及卫生间中设置紧急呼叫装置，在老人身体不适、遇到困难或者发生跌倒等意外情况下能够第一时间呼叫照顾者，从而保障他们的生命安全。

（四）建设与自然相和谐

走进自然以及在室内欣赏自然景观，已经成为学术界公认的能够对认知症老年人产生积极康复作用的方法（雷静雯、张彧和张嵩，2019）。可以鼓励认知症老人走出家门，进入室外空间与自然接触，进行有意义的活动。也可以通过在物理环境设计中充分考虑公共空间和自然之间的联系来实现。比如：①在建筑布局时就充分考虑公共活动空间和自然景观之间的关系，使认知症老年人在公共空间活动或者休憩时能够拥有很好的景观视野；②在室内外空间之间以露台和阳台相连接，保证良好的光照，减少幽闭感，提供适当的感官刺激，让认知症老人感知到四季的变幻。③参考美国认知症老年人友好社区的做法，设置室外花园为老人提供亲近自然的机会，与室内景观的不同之处在于，室外花园可以保证充足的日照，进而改善生物钟的紊乱，对于认知症老年人来说很有益处。另外，在室外花园，老人与环境的接触更加直接，可保持老年人对环境的熟悉度，同时室外花园所提供的植物种植和采摘等园艺活动对于认知症康复的价值远大于室内观赏。

（五）充分利用色彩和灯光

色彩对于认知症老年的生活具有重要的意义，在公共活动空间中往往使用色彩柔和细腻的灯光、墙面和地面来安抚认知症老年人，避免出现焦躁情绪。暖色调可以营造出温馨和轻松的氛围，而明暗变化较大的环境则会导致老人出现眩晕、亢奋等现象（叶芊汝等，2019）。在公共活动空间通过色彩和灯光的平缓过渡，引入更多的自然光，可以使认知症老人舒适地在公共空间进行社会交往和活动。另外，通过对不同区域、开关、公共用具等采用不同色彩的标识，从亮度和色彩上与周围环境拉开差距，有利于老年人区分空间和物体，锻炼其认知能力、记忆能力和感知能力，从而帮助认知症老年人改善认知功能，减少对于照顾者的依赖程度。

## 四、构建"认知症老人友好型社区"服务评估体系

系统评估一个社区是否达到"友好"，应围绕物理环境、人文环境、队伍建设、智能化等维度，设计综合性的指标体系。在人文环境方面，主要评估健康教育普及程度、干预训练、友好支持网络等。在队伍建设方面，主要评估老年社会工作建设、跨学科服务团队建设、志愿者队伍建设、邻里互助等方面。在有条件的社区，可评估"认知症老人友好型社区"的智能化程度，主要包括可穿戴设备的使用（例如智能手表、智能手环），"线上"服务情况（例如手机预警、APP开发等）、家居的智能化改造、构建防跌倒终端等。

在老年友好型社区的评估方法上，目前所采用的方法包括定性和定量分析方法，国外常用焦点小组法（focus group），以调研老年群体对老年友好型社区建设的意见。虽然这种方法可以较为深入地挖掘少量老年居民的看法，但是并不能有效代表社区全体老年人。问卷调查法的结论更具有代表性和可推广性，被越来越多用于老年友好度的评估。然而考虑到认知症老年人的特殊情况，准确地理解并完成问卷对他们来说可能是一项艰巨的任务，因此焦点小组法往往更适用于认知症友好型社区的评估。另外，在设计评估方法时也应考虑到认知症老人的照顾者的意见。照顾者与认知症老人相处时间长，理解他们的处境，甚至更加清楚他们的需求，并能有效地表达出需求，因此可以使用问卷调查等方法收集照顾者对认知症友好型社区的意见。另外，评估应涉及社区的多元主体，不能单一从社区居民着手，而应涵盖服务提供者、社区工作人员等，并可能出现评估结果不一致的情况。此外，社区居民对认知症的了解程度、感知威胁和公共污名化（public stigma）也可能影响其对社区认知症友好度的评价。因此，从认知症

友好型社区建设的多元主体出发，要将客观和主观两种评估方法结合，综合、系统、科学地评估社区的友好化程度（李小云，2019）。

## 五、推动"认知症老人友好型社区"与我国政策实践的有效融合

结合我国在社区建设、养老、助残等方面的政策，融合我国在新城市主义、健康社区、宜居社区、智慧社区等领域的研究与实践，"认知症老人友好型社区"的建设能够加速发展。

认知症老人友好型社区建设应与长期护理保险制度相结合，长护险能为认知症友好型社区建设提供重要的资金支持，逐步形成以居家为基础、社区为依托、机构为补充的多层次照护服务体系。2016年以来，我国在15个城市开始实施长期护理保险制度试点工作，现已经扩大到49个城市，取得一定成效。目前，已有6个城市明确提出将认知症老人纳入长护险保障对象，包括上海、苏州、广州、青岛、南通、成都。其中，上海、苏州、青岛和南通保障重度认知症老人，广州保障中度、重度认知症老人；成都的保障对象为认知症导致的重度失能老人。可见，试点城市的长护险对认知症患者的保障仍处于起步阶段，未能覆盖认知受损程度较轻的老年群体（舒露、王群，2020）。但是从长远来看，认知症作为慢性退行性疾病，在早期若得不到及时有效的疾病筛查和联合干预，病情会急速恶化为中晚期认知症，进而加重患者家庭和社会的照料负担。长护险仅覆盖重度认知症老人，不足以根治认知症照护难题，我们建议，长护险应逐步扩大认知症群体的覆盖范围。随着老龄化加剧，我国认知症老人群体数量将不断增长，认知症的预防服务与早期筛查必然成为长护险的政策重心之一，要特

别为认知症高危人群，包括高龄老人、轻度认知受损老人等提供认知功能检查，为轻度认知症老人提供及时的药物及非药物干预，延缓认知衰退过程，同时有效预防老年抑郁等心理疾病，从而避免更多的保险支付。

目前我国长护险在试点城市确认一批提供认知症照护服务的定点照护机构，但未能充分考虑到照护体系的多元性。我国的认知症老人照护体系应是家庭主导、社区为本的，目前大多数的认知症老人均是在家庭中接受照顾，照护机构的服务仅起到补充作用。"家庭养老床位"已然成为民政工作的重要试点内容。随着试点工作的开展，"家庭养老床位"把照护机构的专业养老服务送到认知症家庭，并进行居家智能化、适老化改造，可能是认知症老人照护的出路。长护险可考虑支持"家庭养老床位"建设，根据老人认知受损程度，一次性补贴适老化改造费用，并按月补贴照护服务费用。

## 第四节　认知症友好社区的支持政策建议

### 一、明确政府职能，政法并行

政府在认知症老年人友好型社区建设中发挥核心作用，主要体现在清晰的职责定位、宏观的政策指导以及健全的法制体系等（冯杰、郑泓，2019）。务必认真落实《健康中国行动（2019—2030年）》政策，明确政府职能，做好政策法规保障，为认知症老人友好型社区建设提供稳定的政治环境。一是亟须政府做好认知症友好型社区发展的顶层路径设计，输出本土化特色的建设思路及实施策略，为社区的友好化改造提供良好的制度生态。二是强化政府宏观政策支持，明确服务主体、目标人群、建设标准、评估标准、机构资质等要求，以及吸引科技企业、科研机构等社会力量广泛参与认知症老人友好型社区建设。在实践中，要积极总结模式和经验，以推动更高层面的立法工作，努力让友好型社区的配套法律法规尽快出台，确保在法治轨道上推进认知症友好型社区建设政策体系的健全。

另外，在具体的政策制定过程中也应该注意时间的持续性和服务的整合性。一是提供预防为主的全病程政策支持，做到认知症的早预防、早筛查、早诊断、早治疗。把认知症防治纳入慢性病管理范围，纳入长期照护保险试点，在社区开展认知症科学知识的普及教育，在全社区筛查认知受损人群，建立认知症患者和高危人群的健康档案，鼓励积极就医和定期体检。二是鉴于认知症患者的特殊性，开展认知症患者登记建档工作，可运用互联网技术促进对医疗服务、照护服务、送餐助浴等助老服务的整合、联动。各政府主管部门之间建立联动、协调机制，整合各方资源服务认知症老人群体。

## 二、扶持社会组织，弘扬认知症友好文化

减轻政府负担，在全社会塑造认知症友好文化，就必须主动把认知症友好型社区建设的后勤保障力量扎根于社会发展的土壤中，通过扶持社会组织发展，加强老年社会工作，提升公众对认知症的科学认识等，打造政府治理与社会调节、居民自治良性互动的认知症友好型社区建设新格局，逐渐从"家庭支持"走到"社区支持"，最后实现真正的"社会支持"。

充分调动专业社工机构的积极性，培养老年社会工作者认知症相关的知识、能力与技巧。例如，可以提升社工对认知症的科学理解，

培训其运用专业的量表进行认知症初筛，以及教授认知症的照顾技巧。这样，社区也可作为认知症预防、筛查、照护的重要地点。

在文化建设上，政府可通过社会舆论与自媒体，帮助老年人减轻和消除他们对于认知症的恐惧和忧虑，提升全社会对认知症的友好程度，形成理解、接纳、尊重、关爱认知症老年人的良好社会氛围，并可设置热线电话帮助老年人及其家属答疑解惑，普及认知症相关的医学知识和照顾技巧。

### 三、激发市场活力，共建认知症老人友好型社区

认知症老人友好型社区的建设需要积极挖掘市场中的合作伙伴，寻求可持续发展。友好型社区的建设不能仅靠政府的支持，还应通过优惠政策激励市场上各类企业和营利性组织的合力支持。例如和日间照护中心以及家政公司共同合作提供养老服务，通过媒体推广认知症友好社区以及和科技企业合作开发智慧养老设备。要链接多方资源，积极地去市场中寻求基金会、养老地产、制药公司等在人力、物力方面的支持，形成社会合力，激发全社会共同打造认知症友好型社区的动力。

以日本为例，日本2019年通过的《认知症政策推进大纲》中提出认知症科研成果的产业化，提升市场在认知症的预防、诊治以及照护等各方面的技术水平和服务质量，打造高水准的适老化设备，并推广科研成果，带动认知症相关产业的持续发展（陈祥，2020）。日本关于认知症的相关政策对于我国认知症友好型社区建设的借鉴意义在于：认知症友好型社区的建设不能完全依靠政府，而应在政府的宏观调控下，提升全社会对认知症的重视和认可程度，其中认知症相关产

业链的形成起到至关重要的作用，要充分调动整个市场的创新力和资源整合能力，共同打造认知症老人友好型社会。

目前我国针对认知症的病因、诊疗等医学研究方面已取得一定的成果，在认知症的药物及非药物干预方面也进行过一系列的探索，在机构认知症床位以及家庭养老床位建设方面也在多个城市进行试点工作，但是认知症相关产业布局仍不完整。认知症相关产业注定是一个高科技、低能耗的新产业，必将迅猛发展并且不断扩展边界。应将产品发展和认知症老人友好型社区的建设相互配合，共同应对认知症对老年社会的挑战。

# 参考文献

艾永梅：《阿尔兹海默症生命质量测评量表（QOL-AD）中文版研制与初步应用》，硕士学位论文，山西医科大学公共卫生学院，2011 年。

安翠霞、于欣：《痴呆患者经济负担及相关因素研究》，《中国心理卫生杂志》2005 年第 9 期。

蔡善荣：《健康相关生命质量的研究概况》，《国外医学（社会医学分册）》1999 年第 1 期。

陈美娟、高哲石：《痴呆照顾者的心理健康和应付行为》，《国外医学（精神病学分册）》2002 年第 2 期。

陈祥：《日本对老年认知症的国家战略性探索》，《日本问题研究》2020 年第 2 期。

陈赟等：《简明精神状态量表联合蒙特利尔认知评估量表在血管性痴呆认知功能障碍中的初步应用》，《中国医学创新》2019 年第 4 期。

崔光辉、尹永田、王铭洲、杨克鑫、李佳芹：《医学生电子健康素养与健康生活方式的关系》，《中国学校卫生》2020 年第 6 期。

丛新霞、马效恩、徐凌忠、秦文哲、张娇、胡芳芳、高兆溶、韩宛彤、井玉荣：《泰安市不同性别慢性病患者电子健康素养现状及其影响因素分析》，《中国公共卫生》2021 年第 9 期。

杜鹏、陈民强:《积极应对人口老龄化:政策演进与国家战略实施》,《新疆师范大学学报(哲学社会科学版)》2022年第3期。

方积乾、郝元涛、李彩霞:《世界卫生组织生活质量量表中文版的信度与效度》,《中国心理卫生杂志》1999年第4期。

冯杰、郑泓:《城市社区智慧"医养结合"养老模式及其建设策略》,《上海市经济管理干部学院学报》2019年第6期。

风笑天:《生活质量研究:近三十年回顾及相关问题探讨》,《社会科学研究》2007年第6期。

杜怡峰等:《中国痴呆与认知障碍诊治指南(五):轻度认知障碍的诊断与治疗》,《中华医学杂志》2018年第17期。

代硕:《抑郁症治疗与行为激活疗法研究进展》,《现代医药卫生》2019年第9期。

杜鹏、李龙:《新时代中国人口老龄化长期趋势预测》,《中国人民大学学报》2021年第1期。

巩尊科、王世雁、陈伟:《认知障碍康复现状与趋势》,《华西医学》2019年第34期。

和巾杰、王婧:《痴呆症病人家庭照顾者支持性护理干预的研究进展》,《护理研究》2021年第35期。

黄秋明:《艾司西酞普兰联合行为激活疗法治疗抑郁障碍的临床疗效》,《临床合理用药杂志》2017年第36期。

吉珂、周王艳、陈家应:《我国农村地区老年人生命质量调查与分析》,《中国卫生政策研究》2011年第4期。

蒋芬:《长沙市老年期痴呆患者照顾者照料负担、正向体验及影响因素研究》,硕士学位论文,中南大学护理学系,2012年。

贾建平等：《中国痴呆与认知障碍诊治指南（二）：痴呆分型及诊断标准》，《中华医学杂志》2011 年第 10 期。

金芳、郑子月、姚新：《正念减压疗法联合家庭支持对阿尔兹海默症照顾者焦虑及睡眠的影响》，《吉林医学》2020 年第 1 期。

江悦妍、尹心红、王志敏、左国花、谭修竹：《衡阳地区高血压患者电子健康素养现状及影响因素》，《职业与健康》2021 年第 15 期。

康越：《香港长者友善社区建设及经验简析》，《北京行政学院学报》2014 年第 3 期。

李春波、何燕玲：《健康状况调查问卷 SF-36 的介绍》，《国外医学（精神病学分册）》2002 年第 2 期。

连菲、邹广天、陈旸：《记忆照护设施的空间设计策略与导则》，《建筑学报》2016 年第 10 期。

李鲁、王红妹、沈毅：《SF-36 健康调查量表中文版的研制及其性能测试》，《中华预防医学杂志》2002 年第 2 期。

李洁：《老年教育目标的现实建构——基于老年学习者需求的阐释》，《继续教育研究》2019 年第 3 期。

聂晓璐等：《2001—2015 年中国轻度认知功能障碍患病率的 Meta分析》，《中华精神科杂志》2016 年第 5 期。

刘雪琴、张立秀：《中国行为医学科学，卫生预防，轻度认知障碍筛查量表 MoCA 的中文版信效度研究》，《护理研究》2008 年第 44 期。

刘晨红、李伊傲、刘琪：《老年痴呆患者家庭照顾者负担及干预研究》，《现代预防医学》2019 年第 2 期。

李英仁、刘惠军、杨青：《行为激活疗法：一种简单而经济的抑郁症干预措施》，《中国临床心理学杂志》2019 年第 4 期。

李玉霞：《行为激活技术对抑郁症的疗效研究》，《中国健康心理学杂志》2011 年第 10 期。

雷静雯、张彧、张嵩：《从"照护"到"陪伴"的认知症老人照料机构公共活动空间设计研究》，《华中建筑》2019 年第 4 期。

李建新：《国际比较中的中国人口老龄化变动特征》，《学海》2005 年第 6 期。

李建新：《老年人口生活质量与社会支持的关系研究》，《人口研究》2007 年第 3 期。

李建新、李嘉羽：《城市空巢老人生活质量研究》，《人口学刊》2012 年第 3 期。

李淑杏、张敏、陈长香、赵亚宁、马素慧：《常见慢性病老年人生活质量调查与分析》，《中国老年学杂志》2014 年第 8 期。

罗淳：《高龄化：老龄化的延续与演变》，《中国人口科学》2002 年 第 3 期。

厉锦巧、冯国和、张伟、张邢炜、包招兰：《电子健康素养理论及干预的研究进展》，《中华护理教育》2019 年第 4 期。

李少杰、徐慧兰、崔光辉：《老年人电子健康素养及影响因素》，《中华疾病控制杂志》2019 年第 11 期。

刘文娇、秦文哲、徐凌忠、高兆溶、胡芳芳、张娇、李梦华：《泰安市老年人电子健康素养与生活满意度和生命质量关系》，《中国公共卫生》2021 年第 9 期。

李佩瑶、陈璇、张红梅：《老年糖尿病患者电子健康素养现状及其影响因素分析》，《现代临床护理》2021 年第 11 期。

李小云：《国外老年友好社区研究进展述评》，《城市发展研究》

2019 年第 7 期。

　　闵宝权、贾建平：《认知功能检查量表在老年期痴呆诊断中的应用》，《中国临床康复》2004 年第 10 期。

　　穆福骏、潘乃林：《老年痴呆患者家庭焦虑照护者体验的质性研究》，《护理管理杂志》2012 年第 6 期。

　　麦剑荣、周玲、林丽娜：《广州高校学生电子健康素养的横断面研究》，《卫生职业教育》2021 年第 2 期。

　　彭文亮、潘莉、陈婉芝：《中青年高血压患者电子健康素养与服药依从性的相关性研究》，《中国慢性病预防与控制》2020 年第 8 期。

　　宋爱芹、邱玉环、李印龙、李雪梅：《基于 WHOQOL–100 量表的已婚育龄妇女生命质量评价》，《医学与社会》2007 年第 12 期。

　　舒露、王群：《我国长期护理保险失智老人保障政策研究》，《卫生经济研究》2020 年第 37 期。

　　司马蕾、温乐娣、陈毅立：《基于"三生空间"协调的乡村社区规划方法》，《建筑与文化》2021 年第 11 期。

　　石人炳、宋涛：《应对农村老年照料危机——从"家庭支持"到"支持家庭"》，《湖北大学学报（ 哲学社会科学版 ）》2013 年第 40 期。

　　孙玉梅、阮海荷、孟春英：《老年住院病人抑郁症状及其影响因素的研究》，《中华护理杂志》2000 年第 11 期。

　　沈文娟、关奇志、朱汇平、薛迪、丁瑾瑜：《老年痴呆病人照顾者的健康教育探索》，《中国初级卫生保健》1999 年第 4 期。

　　宋倩、苏朝霞、王学义：《抑郁症的行为激活治疗（综述）》，《中国心理卫生杂志》2013 年第 9 期。

　　沈可、蔡泳：《国际人口政策转向对中国的启示》，《国际经济评论》2012 年第 1 期。

沈菲飞：《高校学生电子健康素养》，《中国健康教育》2012 年第 1 期。

孙飞、仲鑫、李霞：《认知症友好社区的建设和发展：中美社区案例的比较分析》，《中国护理管理》2019 年第 19 期。

沈义：《婚姻挤压下农村大龄男性的养老意愿研究》，硕士学位论文，西安工程大学管理学院，2018 年。

田杨：《南京市玄武区老年人参与体育健身活动现状与对策研究》，《文体用品与科技》2019 年第 15 期。

涂耀明：《社会工作介入阿尔兹海默症患者及其家人的方法与途径》，硕士学位论文，扬州大学社会发展学院，2018 年。

童川、廖敏：《老年痴呆患者照顾者压力的现状分析及对策》，《饮食保健》2017 年第 16 期。

王洋、刘佳鸿、姚新：《老年痴呆家庭照顾者疾病不确定感与焦虑的现状研究》，《吉林医学》2018 年第 2 期。

王文韬、徐淑颖、张帅、谢阳群、陈伟：《国外电子健康发展沿革：基于时间维度的分析》，《蚌埠学院学报》2018 年第 7 期。

邬沧萍：《提高对老年人生活质量的科学认识》，《人口研究》2002 年第 5 期。

韦凤美、李惠菊、赵龙：《照顾者分类系统》，《中国老年学杂志》2016 年第 36 期。

王慧文、薛慧英、朱启文、李刚、黄卫、潘秀丹：《老年痴呆病人照顾者负担及相关因素分析》，《中国卫生统计》2015 年第 32 期。

吴聘奇：《积极老龄化背景下中国全龄化社区规划重构研究》，

《现代城市研究》2018年第8期。

《生存质量测定量表》，中国标准出版社1999年版。

许百华：《轻度认知障碍（MCI）的诊断标准和神经心理学检测方法》，2011年浙江省心理卫生协会第九届学术年会论文汇编。

许丽华、张敏、闻子叶：《老年痴呆患者家庭照顾者负担与压力影响因素》，《中国老年学杂志》2016年第36期。

许悦：《日本：让认知障碍政策成为国家战略》，《科学新闻》2020年第5期。

徐子犇、张帅、耿季、李菁：《糖尿病高危人群电子健康素养与健康促进生活方式的相关性分析》，《中华护理教育》2020年第9期。

杨嘉敏、刘华、张冬英：《老年痴呆护理研究进展》，《医学理论与实践》2017年第20期。

叶芊汝、曾子玉、王梦婷、宫艺兵：《基于失智老人病理特征的养老居住空间设计探究》，《家具与室内装饰》2019年第3期。

杨柠聪：《全面二孩背景下人口生育意愿影响因素研究综述》，《重庆社会科学》2020年第1期。

周长城、邓海骏：《国外宜居城市理论综述》，《合肥工业大学学报（社会科学版）》2011年第25期。

钟碧橙：《案例与情景模拟联合教学法在临床护理教学中的效果研究》，《护理实践与研究》2010年第7期。

詹天庠、陈义平：《关于生活质量评估的指标与方法》，《中山大学学报论丛》1997年第6期。

张厚粲主编：《大学心理学》，北京师范大学出版社2015年版。

张慧敏、艾永梅、吴燕萍、贺润莲、高建伟、王晓成、宋平平、高彩虹、邢敏、余红梅:《阿尔兹海默症生命质量测评量表（QOL-AD）中文版信度和效度分析》,《中国卫生统计》2013 年第 30 期。

张世芳、刘维参、李孛、万巧琴:《失智症老年患者生命质量现状及其影响因素调查》,《护理管理杂志》2019 年第 19 期。

张丽君、刘霞、徐言、黄秋慧:《谈老年痴呆患者的护理技巧》,《右江医学》2010 年第 38 期。

赵文红、张瑞丽、李慧娟、范晓丹:《行为精神症状的治疗与应对研究进展》,《中国老年学杂志》2017 年第 37 期。

朱旭静、李明霞:《影响老年痴呆患者生活质量的相关因素及干预对策分析》,《右江医学》2018 年第 46 期。

张杰文、贾建平:《中国痴呆与认知障碍诊治指南（八）：快速进展性痴呆的诊断》,《中华医学杂志》2018 年第 98 期。

禚传君等:《北京城乡两社区轻度认知功能障碍发病率调查》,《中国心理卫生杂志》2012 年第 10 期。

朱紫青、李春波、张明园:《社区老人轻度认知功能损害的预后和转归》,《上海精神医学》2001 年第 13 期。

周小炫等:《简易智能精神状态检查量表的研究和应用》,《中国康复医学杂志》2016 年第 6 期。

郑莉莎、赵婧:《MMSE 与 MoCA 差值作为鉴别老年性痴呆的辅助诊断方法的可行性》,《中国老年学杂志》2016 年第 8 期。

张立秀、刘雪琴:《老年轻度认知障碍的筛查评估工具研究进展（综述）》,《中国心理卫生杂志》2008 年第 2 期。

朱蓓、林征、邵志梅:《老年痴呆症家庭照顾者护理干预研究进展》,《护理研究》2017 年第 24 期。

周寒寒、郑爱明：《社区老年人电子健康素养现状及影响因素分析》，《南京医科大学学报（社会科学版）》2018 年第 6 期。

詹慧：《基于失智症老人行为心理特征的居住环境设计策略探究》，硕士学位论文，西安交通大学人居环境与建筑工程学院，2018 年。

詹运洲、吴芳芳：《老龄化背景下特大城市养老设施规划策略探索——以上海市为例》，《城市规划学刊》2014 年第 6 期。

郑悦、黄晨熹：《失能失智老人家庭照顾者生活质量干预项目的开发——基于压力应对理论》，《社会建设》2020 年第 7 期。

Alberts, N. M., Hadjistavropoulos, H. D., Pugh, N. E. & Jones, S. L., "Dementia anxiety among older adult caregivers: An exploratory study of older adult caregivers in Canada", *International Psychogeriatrics*, Vol. 23, No. 6 (March 2011), pp.880–886.

Almberg, B., Jansson, W., Grafström, M. & Winblad, B., "Differences between and within genders in caregiving strain: a comparison between caregivers of demented and non-caregivers of non-demented elderly people", *Journal of Advanced Nursing*, Vol. 28, No. 4 (October 1998), pp.849–858.

American Library Association, "American library association presidential committee on information literacy", 10 January 1989, http://www. ala. org/ala/acrl/ acrlpubs/whitepapers/presidential. htm.

Andresen, E. M., Malmgren, J. A., Carter, W. B.& Patrick, D. L., "Screening for depression in well older adults: Evaluation of a short form of the CES–D", *American Journal of Preventive Medicine*, Vol. 10, No. 2 (March‐April 1994),pp.77–84.

Arai, Y., Kumamoto, K., Mizuno, Y. & Arai, A., "The general public's concern about developing dementia and related factors in Japan", *International Journal of Geriatric Psychiatry*, Vol. 27, No. 11 (November 2012), pp.1203–1204.

Arcury, T. A., Sandberg, J. C., Melius, K. P., Quandt, S. A., Leng, X., Latulipe, C., Miller, D. P., Smith, D. A. & Bertoni, A. G., "Older adult internet use and eHealth literacy" „*Journal of AppliedGerontology*, Vol. 39, No. 2 (February 2020), pp.141–150.

Au, A., Li, S., Lee, K., Leung, P., Pan, P.C., Thompson, L.&Gallagher-Thompson, D., "The Coping with Caregiving Group Program for Chinese caregivers of patients with Alzheimer's disease in Hong Kong", *Patient Education and Counseling*, Vol. 78, No. 2 (February 2010), pp.256–260.

Bastawrous, Marina., "Caregiver burden—a critical discussion", *International Journal of Nursing Studies*, Vol. 50, No. 3 (March 2013), pp.431–441.

Beauchamp, N., Irvine, A.B., Seeley, J.&Johnson, B., "Worksite-Based Internet Multimedia Program for Family Caregivers of Persons with Dementia", *The Gerontologist*, Vol. 45, No. 6 (December 2005), pp.793–801.

Beck, A. T.,*Cognitive therapy and the emotional disorders*, New York: International Universities, 1976.

Bédard, M., Molloy, D.W., Squire, L., Dubois, S., Lever, J.A.&O'Donnell, M., "The Zarit Burden Interview: A new short version and screening version", *The Gerontologist*, Vol. 41, No. 5 (October 2001), pp.652–657.

Billings, A.G., Moos, R.H., "The role of coping responses and social resources in attenuating the stress of life events", *Journal of Behavioral Medicine*, Vol. 4, No. 2 (June 1981), pp.139–157.

Black, B.S., Rabins, P.V.& Kasper, J.D., *Alzheimer disease related quality of life user's manual, 2nd ed*, Baltimore, MD: Johns Hopkins Medical Institutions (USA), 2009.

Boey K.W., "Cross–validation of a short form of the CES–D in Chinese elderly", *International Journal of Geriatric Psychiatry*, Vol. 14, No. 8 (1999), pp.608–617.

Boots, L.M.M., de Vugt, M.E., Van Knippenberg, R.J.M., Kempen, G.I.J. M.&Verhey, F.R. J., "A systematic review of Internet–based supportive interventions for caregivers of patients with dementia", *International Journal of Geriatric Psychiatry*, Vol. 29, No. 4 (April 2014), pp.331–344.

Borson Soo, Scanlan James M, Chen Peijun & Ganguli Mary, "The Mini - Cog as ascreen for dementia: validation in a population - based sample", *Journal of the American Geriatrics Society*, Vol. 51, No.10 (October 2003), pp.1451–1454.

Borson, S., Scanlan, J., Brush, M., Vitaliano, P. & Dokmak, A., "The mini - cog: a cognitive 'vital signs' measure for dementia screening in multi - lingual elderly", *International Journal of Geriatric Psychiatry*, Vol. 15, No. 11 (November 2000), pp.1021–1027.

Brod, M., Stewart, A.L., Sands, L.&Walton, P., "Conceptualization and measurement of quality of life in dementia: the dementia quality of life instrument (DQOL)",*The Gerontologist*, Vol. 39, No.1 (February 1999), pp.25–36.

Brunet, M. D., McCartney, M., Heath, I., Tomlinson, J., Gordon, P., Cosgrove, J., Deveson, P., Gordon, S., Marciano, S.-A. & Colvin, D., "There is no evidence base for proposed dementia screening", *BMJ*, Vol. 345, No. 7889 (December 2012), p.e8588.

Bynum, J.P., Rabins, P.V., Weller, W., Niefeld, M., Anderson, G.F.&Wu, A.W., "The Relationship Between a Dementia Diagnosis, Chronic Illness, Medicare Expenditures, and Hospital Use",*Journal of the American Geriatrics Society*, Vol. 52, No. 2 (February 2004), pp.187–194.

Caddell, L. S., Clarei, L., "Identity, mood, and quality of life in people with early–stage dementia",*International Psychogeriatrics*, Vol. 24, No. 8 (February 2012), pp.1306–1315.

Cannon, W. B., "Stress and strains of homeostasis", *American Journal of medical science*, Vol. 189, No. 1(1935), pp.13–14.

Cantegreil–Kallen, I.,Pin, S., "Fear of Alzheimer's disease in the French population: impact of age and proximity to the disease", *International Psychogeriatrics*, Vol. 24, No. 1 (August 2011), pp.108–116.

Carver, C.S., "You want to measure coping but your protocol' too long: Consider the brief cope",*International Journal of Behavioral Medicine*, Vol. 4. No. 1 (March 1997), pp.92–100.

Carver, C. S., Scheier, M.F.& Weintraub, J.K., "Assessing coping strategies: A theoretically based approach",*Journal of Personality and*

*Social Psychology*, Vol. 56, No. 2 (1989),pp.267–283.

Chan, K. Y., Wang, W., Wu, J. J., Liu, L., Theodoratou, E., Car, J. & Global Health Epidemiology Reference Group, "Epidemiology of Alzheimer's disease and other forms of dementia in China, 1990 – 2010: A systematic review and analysis", *The Lancet*, Vol. 381, No. 9882 (June 2013), pp.2016–2023.

Chang, A., Schulz, P.J., "The Measurements and an Elaborated Understanding of Chinese eHealth Literacy (C–eHEALS) in Chronic Patients in China" ,*International Journal of Environmental Research and Public Health*, Vol. 15, No. 7 (July 2018), p.1553.

Chen, H.M., Huang, M.F., Yeh, Y.C., Huang, W.H.&Chen, C.S., "Effectiveness of coping strategies intervention on caregiver burden among caregivers of elderly patients with dementia" ,*Psychogeriatrics*, Vol. 15, No. 1 (March 2015), pp.20–25.

Cheng, S.T., Mak, E.P., Lau, R.W., Ng, N.S.&Lam, L.C., "Voices of Alzheimer caregivers on positive aspects of caregiving" ,*The Gerontologist*, Vol. 56, No. 3 (June 2016), pp.451–460.

China National Committee on Aging, "Report on the status and development of care services for the elderly with cognitive disorders" , May 13 2021, http://www.cncaprc.gov.cn/llxw/192282.jhtml.

Chodosh, J., Colaiaco, B. A., Connor, K. I., Cope, D. W., Liu, H., Ganz, D. A., Richman, M. J., Cherry, D. L., Blank, J. M., Carbone, R. del P., Wolf, S. M. & Vickrey, B. G., "Dementia care management in an underserved community: the comparative effectiveness of two different approaches"，*Journal of Aging and Health*, Vol. 27, No. 5 (2015), pp.864–893.

Choi, S.K., Rose, I.D.&Friedman, D.B., "How is literacy being defined and measured in dementia research? A scoping review"，*Gerontology and Geriatric Medicine*, Vol. 4 (November 2018), pp.1–11.

Christie, H. L., Martin, J. L., Connor, J., Tange, H. J., Verhey, F. R., de Vugt, M. E. & Orrell, M., "eHealth interventions to support caregivers of people with dementia may be proven effective, but are they implementation–ready?", *Internet Interventions*, Vol. 18, No. C (December 2019), p.100260.

Cohen, C.A., Colantonio, A.&Vernich, L., "Positive aspects of caregiving: rounding out the caregiver experience"，*International Journal of Geriatric Psychiatry*, Vol. 17, No. 2 (February 2002), pp.184–188.

Collado, A., Calderón, M., MacPherson, L. & Lejuez, C., "The efficacy of behavioral activation treatment among depressed Spanish–speaking Latinos"，*Journal of Consulting and Clinical Psychology*, Vol. 84, No. 7 (July 2016), pp.651–657.

Connell, J., Page, S. J., "An exploratory study of creating dementia–friendly businesses in the visitor economy: evidence from the UK"，*Heliyon*, Vol. 5, No. 4 (2019), p.e01471.

Costanza, R.S., Derlega, V.J.& Winstead, B.A., "Positive and negative forms of social support: Effects of conversational topics on coping with stress among same–sex friends"，*Journal of Experimental Social Psychology*, Vol. 24, NO. 2 (March 1988), pp.182–193.

Crist, J.D., McEwen, M.M., Herrera, A.P., Kim, S.S., Pasvogel, A.& Hepworth, J.T., "Caregiving burden, acculturation, familism, and Mexican American elders' use of home care services" ,*Research and Theory for Nursing Practice*, Vol. 23, No. 3 (November 2009), pp.165-180.

Cui, R., Maxfield, M. & Fiske, A., "Dementia-related anxiety and coping styles associated with suicidal ideation" , *Aging & Mental Health*, Vol. 24, No. 11 (2020), pp.1912-1915.

Cullen, J. M., Spates, C. R., Pagoto, S. & Doran, N., "Behavioral activation treatment for major depressive disorder: A pilot investigation" , *The Behavior Analyst Today*, Vol. 7, No. 1 (2006), pp.151-166.

Cutler, S. J., Brăgaru, C., "Do Worries About Cognitive Functioning and Concerns About Developing Alzheimer's Disease Affect Psychological Well-Being?" , *Journal of Aging and Health*, Vol. 29, No. 8 (2017), pp.1271-1287.

Cutler, S. J.,Brăgaru, C., "Long-term and short-term predictors of worries about getting Alzheimer's disease" , *European Journal of Ageing*, Vol. 12, No. 4 (July 2015), pp.341-351.

Cutler, S. J., Hodgson, L. G., "Anticipatory dementia: A link between memory appraisals and concerns about developing Alzheimer's disease" ,*The Gerontologist*, Vol. 36, No. 5 (October 1996), pp.657-664.

Daviglus, M. L., Bell, C. C., Berrettini, W., Bowen, P. E., Connolly Jr, E. S., Cox, N. J., Dunbar-Jacob, J. M., Granieri, E. C., Hunt, G.,McGarry, K.,Patel D., Potosky, A. L, SandersBush, E., Silberberg, D. & Trevisan, M.,

"National Institutes of Health State-of-the-Science Conference statement: preventing Alzheimer disease and cognitive decline", *Annals of Internal Medicine*, Vol. 153, No. 3 (August 2010), pp.176–181.

Davis, T. C., Crouch, M. A., Long, S. W., Jackson, R. H., Bates, P., George, R. B. &Bairnsfather, L. E., "Rapid assessment of literacy levels of adult primary care patients", *Family Medicine*, Vol. 23, No. 6 (August 1991), pp.433–435.

Dryden, Windy, "Rational emotive behavior therapy", in *Encyclopedia of Cognitive Behavior Therapy*, Freeman, A., Felgoise, S. H., Nezu, C. M., Nezu, A. M., Reinecke, M. A. (eds), Boston, MA: Springer, 2005, pp.321–324.

Efthymiou, A., Middleton, N., Charalambous, A.&Papastavrou, E., "The Association of Health Literacy and Electronic Health Literacy With Self-Efficacy, Coping, and Caregiving Perceptions Among Carers of People With Dementia: Research Protocol for a Descriptive Correlational Study", *JMIR Research Protocols*, Vol. 6, No. 11 (November 2017), p.e221.

Ekers, D., Richards, D., McMillan, D., Bland, J. & Gilbody, S., "Behavioural activation delivered by the non-specialist: phase II randomised controlled trial", *The British Journal of Psychiatry*, Vol. 198, No. 1 (2011), pp.66–72.

Farran, C.J., Keane-Hagerty, E., Salloway, S., Kupferer, S.& Wilken, C.S., "Finding meaning: An alternative paradigm for Alzheimer's disease family caregivers", *The gerontologist*, Vol. 31, No. 4 (August 1991), pp.483–489.

Ferster, Charles, B., "A functional analysis of depression", *American*

*Psychologist*, Vol. 28, No. 10 (1973), pp.857–870.

Feuerstein, M., "Media literacy in support of critical thinking", *Journal of Educational Media*, Vol. 24, No. 1 (1999), pp.43–54.

Fiest, K., Jetté, N., Roberts, J., Maxwell, C., Smith, E., Black, S., Blaikie, L., Cohen, A., Day, L., Holroyd–Leduc, J., Kirk, A., Pearson, D., Pringsheim, T., Venegas–Torres, A. & Hogan, D, "The prevalence and incidence of dementia: a systematicreview and meta–analysis" ,*Canadian Journal of Neurological Sciences*, Vol. 43, No. 1 (1999), pp.S3–S50.

French, S. L., Floyd, M., Wilkins, S. &Osato, S., "The fear of Alzheimer's disease scale: A new measure designed to assess anticipatory dementia in older adults", *International Journal of Geriatric Psychiatry*, Vol. 27, No. 5 (May 2012), pp.521–528.

Furstrand, D.,Kayser, L., "Development of the eHealth literacy assessment toolkit, eHLA", *eHealth-enabled Health*, Vol. 216 (2015), p.971.

Furukawa T. A., Imai H., Horikoshi M., Shimodera S., Hiroe T., Funayama T., Akechi T. & FLATT Investigators, "Behavioral activation: Is it the expectation or achievement, of mastery or pleasure that contributes to improvement in depression?" ,*Journal of Affective Disorders*, Vol. 238 (October 2018), pp.336–341.

Galbraith, J. K., Affluent Society, New York: Houghton Mifflin Harcourt, 1998.

Gao, X., Gao, X., Guo, L., Sun, F. & Zhang, A., "Perceived threat of Alzheimer's disease and related dementias in Chineseolder adults: The role of knowledge and perceived stigma", *International Journal of Geriatric Psychiatry*, Vol. 35, No. 2 (February 2020),pp.223-229.

George, L.K., Gwyther, L.P., "Caregiver Well-being: a multidimensional examination of family caregivers of demented adults", *The Gerontologist*, Vol. 26, No. 3 (June 1986), pp.253-259.

Gérain, P., Zech, E., "Informal caregiver burnout? Development of a theoretical framework to understand the impact of caregiving", *Frontiers in Psychology*, Vol. 10 (July 2019),p.1748.

Gilhooly, K.J., Gilhooly, M.L.M., Sullivan, M.P., McIntyre A., Wilson L., Harding E., Woodbridge R. & Crutch S., "A meta-review of stress, coping and interventions in dementia and dementia caregiving",*BMC Geriatrics*, Vol. 16, No. 1 (May 2016), pp.1-8.

Gray, H. L., Jimenez D. E.,Cucciare M. A., TongH. & Gallagher-Thompson D., "Ethnic differences in beliefs regarding Alzheimer disease among dementia family caregivers", *The American Journal of Geriatric Psychiatry*, Vol. 17, No. 11 (November 2009), pp.925-933.

Grundman M., Petersen R. C., Ferris S. H., Thomas R. G., Aisen P. S., Bennett D. A., et al., "Mild Cognitive Impairment can be Distinguished from Alzheimer disease and Normal Aging for Clinical Trials", *Arch. Neurol*, Vol. 61, No. 1 (January 2004), pp.59-66.

Hagger, M. S.,Orbell, S., "A meta-analytic review of the common-sense model of illness representations", *Psychology and Health*, Vol. 18, No. 2 (2003), pp.141-184.

Hamzehei, R., Ansari, M., Rahmatizadeh, S.& Valizadeh-Haghi,

S., "Websites as a tool for public health education: determining the trustworthiness of health websites on Ebola disease" ,*Online Journal of Public Health Informatics*, Vol. 10, No. 3 (2018), p.e221.

Hänninen,T., Hallikainen M., Tuomainen S., Vanhanen M. & SoininenH., "Prevalence of mild cognitive impairment: A population - based study in elderly subjects" , *Acta Neurologica Scandinavica*, Vol. 106, No. 3 (September 2002), pp.148–154.

Hileman, J.W., Lackey, N.R.&Hassanein, R.S., "Identifying the needs of home caregivers of patients with cancer" ,*Oncology Nursing Forum*, Vol. 19, No. 5 (1992),pp.771–777.

Hodge, D.R., Sun, F., "Positive feelings of caregiving among Latino Alzheimer's family caregivers: Understanding the role of spirituality" ,*Aging & Mental Health*, Vol. 16, No. 6 (August 2012),pp.689–698.

Hurley, Robyn V. C., Patterson Tom G. & CooleySam J., "Meditation-based interventions for family caregivers of people with dementia: A review of the empirical literature" , *Aging &Mental Health*, Vol. 18, No. 3 (2014), pp.281–288.

Ivey, S. L., Laditka, S. B., Price, A. E., Tseng, W., Beard, R. L., Liu, R., Fetterman, D., Wu, B. & Logsdon, R. G, "Experiences and concerns of family caregivers providing support to people with dementia: A cross-cultural perspective" , *Dementia*, Vol. 12, No. 6 (November 2013), pp.806–820.

Jacobson, N. S., Dobson, K. S., Truax, P. A., Addis, M. E., Koerner, K., Gollan, J. K., Gortner, E. & Prince, S. E., "A component analysis of cognitive-behavioral treatment for depression", *Journal of Consulting and Clinical Psychology*, Vol. 64, No. 2 (April 1996), pp.295-304.

Jacobson, N. S., Martell, C. R. & Dimidjian, S., "Behavioral activation treatment for depression: returning to contextual roots", *Clinical Psychology: Science and Practice*, Vol. 8, No. 3 (September 2001), pp.255-270.

Jang, Y., Yoon, H., Park, N. S., Rhee, M. K. &Chiriboga, D. A., "Asian Americans' concerns and plans about Alzheimer's disease: The role of exposure, literacy and cultural beliefs", *Health & Social Care in The Community*, Vol. 26, No. 2 (March 2018), pp.199-206.

Jervis, L.L., Boland, M.E.& Fickenscher, A., "American Indian family caregivers' experiences with helping elders" ,*Journal of Cross-cultural Gerontology*, Vol. 25, No. 4 (December 2010),pp.355-369.

Jervis, L. L., Fickenscher, A., Beals, J., Cullum, C. M., Novins, D. K., Manson, S. M. & Arciniegas, D. B., "Predictors of performance on the MMSE and the DRS-2 among American Indian elders" , *The Journal of Neuropsychiatry and Clinical Neurosciences*, Vol. 22, No. 4 (2010),pp.417-425.

Jia, J., Zhou, A., Wei, C., Jia, X., Wang, F., Li, F., Wu, X., Mok, V., Gauthier, S., Tang, M., Chu, L., Zhou, Y., Zhou, C., Cui, Y., Wang, Q., Wang, W., Yin, P., Hu, N., Zuo, X., Song, H., Qin, W., Wu, L., Li, D., Jia, L., Song, J., Han, Y., Xing, Y., Yang, P., Li, Y., Qiao, Y., Tang, Y., Lv, J. & Dong, X., "The prevalence of mild cognitive impairment and its etiological subtypes in elderly Chinese", *Alzheimer's & Dementia*, Vol. 10, No. 4 (July

2014), pp.439–447.

Jia, J., Zuo, X., Jia, X.-F., Chu, C., Wu, L., Zhou, A., Wei, C., Tang, Y., Li, D., Qin, W., Song, H., Ma, Q., Li, J., Sun, Y., Min, B., Xue, S., Xu, E., Yuan, Q., Wang, M., Huang, X., Fan, C., Liu, J., Ren, Y., Jia, Q., Wang, Q., Jiao, L., Xing, Y. & Wu, X., "Diagnosis and treatment of dementia in neurology outpatient departments of general hospitals in China", *Alzheimer's & Dementia*, Vol. 12, No. 4 (April 2016), pp.446–453.

Jia, L., Quan M., Fu Y., Zhao, T., Li ., Wei, C., Tang, Y., Qin, Q., Wang, F., Qiao, Y., Shi, S., Wang, Y., Du, Y., Zhang, J., Zhang, J., Luo, B., Qu, Q., Zhou, C., Gauthier, S., & Jia, J., "Dementia in China: epidemiology, clinical management, and research advances", *The Lancet Neurology*, Vol. 19, No. 1 (January 2020),pp.81–92.

Johannesen, M., LoGiudice, D., "Elder abuse: A systematic review of risk factors in community–dwelling elders", *Age and ageing*, Vol. 42, No. 3 (May 2013),pp.292–298.

Joo, S. H., Jo, I. S., Kim, H. J. &Lee, C. U., "Factors Associated with Dementia Knowledge and Dementia Worry in the South Korean Elderly Population",*Psychiatry Investigation*, Vol. 18, No. 12 (December 2021), pp.1198–1204.

Julayanont, P., Tangwongchai, S., Hemrungrojn, S., Tunvirachaisakul, C., Phanthumchinda, K., Hongsawat, J., Suwichanarakul, P., Thanasirorat, S. & Nasreddine, Z., "The Montreal cognitive assessment–basic: A screening tool for mild cognitive impairment in illiterate and low - educated elderly adults", *Journal of the American Geriatrics Society*, Vol. 63, No. 12

(December 2015),pp.2550–2554.

Kasper, J.D., Black, B.S., Shore, A.D.& Rabins, P.V., "Evaluation of the validity and reliability of the Alzheimer's Disease–Related Quality of Life (ADRQL) assessment instrument", *Alzheimer Disease and Associated Disorders*, Vol. 23, No. 3 (July 2009),pp.275–284.

Katschnig, H., "How useful is the concept of quality of life in psychiatry?" ,*Current Opinion in Psychiatry*, Vol. 10, No. 5 (1997),pp.337–345.

Katz, S., "Assessing self–maintenance: activities of daily living, mobility, and instrumental activities of daily living", *Journal of the American Geriatrics Society*, Vol. 31, No. 12 (1983), pp.721–727.

Kayser, L., Karnoe, A., Furstrand, D., Batterham, R., Christensen, K. B., Elsworth, G. &Osborne, R. H., "A multidimensional tool based on the eHealth literacy framework: development and initial validity testing of the eHealth literacy questionnaire (eHLQ)", *Journal of Medical Internet Research*, Vol. 20, No. 2 (February 2018), p.e36.

Kim, H., Xie, B., "Health literacy in the eHealth era: a systematic review of the literature" ,*Patient Education and Counseling*, Vol. 100, No. 6 (June 2017),pp.1073–1082.

Kim, J. S., Kim, E. H. &An, M., "Experience of dementia–related anxiety in middle–aged female caregivers for family members with dementia: A phenomenological study", *Asian Nursing Research*, Vol. 10, No. 2 (June 2016), pp.128–135.

Kindt, S., Vansteenkiste, M., Loeys, T., Cano, A., Lauwerier, E.,

Verhofstadt, L. L. & Goubert, L., "When is helping your partner with chronic pain a burden? The relation between helping motivation and personal and relational functioning", *Pain Medicine*, Vol.16, No. 9 (September 2015),pp.1732–1744.

Kinney, J.M., Stephens, M.A.P., "Hassles and uplifts of giving care to a family member with dementia",*Psychology and Aging*, Vol. 4, No. 4 (1989),pp.402–408.

Kinzer, A.,Suhr, J. A., "Dementia worry and its relationship to dementia exposure, psychological factors, and subjective memory concerns", *Applied Neuropsychology: Adult*, Vol. 23, No. 3 (2016), pp.196–204.

Knapp, C., Madden, V., Wang, H., Sloyer, P.& Shenkman, E., "Internet use and eHealth literacy of low-income parents whose children have special health care needs",*Journal of Medical Internet Research*, Vol. 13, No. 3 (September 2011), p.e75.

Knight, B.G., Sayegh, P., "Cultural values and caregiving: The updated sociocultural stress and coping model",*The Journals of Gerontology: Series B*, Vol. 65B, No. 1 (January 2010),pp.5–13.

Kramer, B.J., "Differential predictors of strain and gain among husbands caring for wives with dementia",*The Gerontologist*, Vol. 37, No. 2 (April 1997),pp.239–249.

Laditka, S., Laditka, J., Liu, R., Price, A., Friedman, D., Wu, B., Bryant,L., Corwin, S. & Ivey, S., "How do older people describe others with cognitive impairment? A multiethnic study in the United States", *Ageing*

& Society, Vol. 33, No. 3 (January 2012), pp.369-392.

Langa, K. M., Larson, E. B., Crimmins, E. M., Faul, J. D., Levine, D. A., Kabeto, M. U. & Weir, D. R., "A comparison of the prevalence of dementia in the United States in 2000 and 2012", JAMA Internal Medicine, Vol. 177, No. 1 (January 2017), pp.51-58.

Laugksch,R. C., "Scientific literacy: A conceptual overview", Science Education, Vol. 84, No. 1 (January 2000), pp.71-94.

Lawton, M.P., "Assessing quality of life in Alzheimer disease research",Alzheimer Disease and Associated Disorders, Vol. 11, No.Suppl 6 (1997),pp.91-99.

Lawton, M.P., Kleban, M.H., Moss, M., Rovine, M.&Glicksman, A., "Measuring caregiving appraisal",Journal of Gerontology, Vol. 44, No. 3 (May 1989),pp.P61-P71.

Lawton, M.P., Moss, M., Kleban, M.H., Glicksman, A.& Rovine, M., "A two-factor model of caregiving appraisal and psychological well-being",Journal of Gerontology, Vol. 46, No. 4 (July 1991), pp.181-189.

Lawton, M.P., Rajagopal, D., Brody, E.&Kleban, M.H., "The dynamics of caregiving for a demented elder among black and white families",Journal of Gerontology, Vol. 47, No. 4 (July 1992),pp.S156-S164.

Lazarus, R. S., Psychological stress and the coping process, New York: McGraw-Hill, 1966.

Lazarus, Richard S., Susan Folkman., Stress, appraisal, and coping, New York: Springer publishing company,1984.

Lea Steadman, P., Tremont, G. & Duncan Davis, J., "Premorbid relationship satisfaction and caregiver burden in dementia caregivers", *Journal of geriatric psychiatry and neurology*, Vol. 20, No. 2 (2007), pp.115–119.

León–Salas, B., Olazarán, J., Muñiz, R., Gonzá lez–Salvador, M. T. & Mart í nez–Mart í n, P., "Caregivers' estimation of patients' quality of life (QOL) in Alzheimer's disease (AD): An approach using the ADRQL" ,*Archives of Gerontology and Geriatrics*, Vol. 53, No. 1 (July – August 2011),pp.13–18.

Lewinsohn,Peter M., "A behavioral approach to depression" , in *The Psychology of Depression: Contemporary Theory and Research*,Friedman, R. J., Katz, M. M.(eds.), New York, NY: John Wiley and Sons (1974), pp.157–185.

Li, F., Qin, W., Zhu, M. & Jia, J., "Model–based projection of dementia prevalence in China and worldwide: 2020–2050" , *Journal of Alzheimer's Disease*, Vol. 82, No. 4 (July 2021),pp.1823–1831.

Lin, S. Y. & Lewis, F. M., "Dementia friendly, dementia capable, and dementia positive: concepts to prepare for the future" , *The Gerontologist*, Vol. 55, No. 2 (April 2015), pp.237–244.

Lindström, K., Lindblad, F. & Hjern, A., "Preterm birth and attention–deficit/hyperactivity disorder in schoolchildren" , *Pediatrics*, Vol. 127, No. 5 (May 2011),pp.858–865.

Liu, J., "Caregiver strain among Chinese adult children of oldest–old parents" , *PhD diss., The University of Iowa*, (2013).

Lloyd, J., Patterson, T. & Muers, J., "The positive aspects of caregiving in dementia: A critical review of the qualitative literature", *Dementia*, Vol. 15, No. 6 (2016), pp.1534–1561.

Logan, R. K.,Higginson, W., "The fifth language: Learning a living in the computer age", *Canadian Journal of Education*, Vol. 21, No. 4 (1996), pp.472–474.

Logsdon, R.G., Gibbons, L.E., McCurry, S.M.&Teri, L., "Assessing quality of life in older adults with cognitive impairment",*Psychosomatic Medicine*, Vol. 64, No. 3 (2002), pp. 510–519.

Logsdon, R.G., Gibbons, L.E., McCurry, S.M.& Teri, L., "Quality of life in Alzheimer's disease: patient and caregiver reports",*Journal of Mental Health and Aging*, Vol. 5, No. 1 (1999),pp.21–32.

Lopez,O.L., Jagust W. J., DeKosky S. T., Becker, J. T., Fitzpatrick, A., Dulberg, C., Breitner, J., Lyketsos, C., Jones, B., Kawas, C., Carlson, M. & Kuller, L. H., "Prevalence and classification of mild cognitive impairment in the Cardiovascular Health Study Cognition Study: part 1", *Archives of Neurology*, Vol. 60, No. 10 (October 2003), pp.1385–1389.

Lubben, J., Blozik, E., Gillmann, G., Iliffe, S., von Renteln Kruse, W., Beck, J. C. & Stuck, A. E., "Performance of an abbreviated version of the Lubben Social Network Scale among three European community–dwelling older adult populations", *The Gerontologist*, Vol. 46, No. 4 (August 2006), pp.503–513.

Lyketsos, C.G., Gonzales–Salvador, T., Chin, J.J., Baker, A., Black, B.& Rabins, P., "A follow–up study of change in quality of life among persons with dementia residing in a long–term care facility",*International*

*Journal of Geriatric Psychiatry*, Vol. 18, No. 4 (April 2003),pp.275–281.

Ma, Q., Chan, A.H.& Chen, K., "Personal and other factors affecting acceptance of smartphone technology by older Chinese adults" ,*Applied Ergonomics*, Vol. 54 (May 2016),pp.62–71.

Martell,C. R., Addis, M. E.,Jacobson N. S.: *Depression in context: Strategies for guided action*,New York: WW Norton & Co, 2001.

Marziali, E., Garcia, L.J., "Dementia caregivers' responses to 2 internet–based intervention programs" ,*American Journal of Alzheimer's Disease & Other Dementias*, Vol. 26, No. 1 (February 2011),pp.36–43.

Mausbach, B.T., Aschbacher, K., Patterson, T.L., Ancoli–Israel, S., von Känel, R., Mills, P.J., Dimsdale, J. E. &Grant, I., "Avoidant coping partially mediates the relationship between patient problem behaviors and depressive symptoms in spousal Alzheimer caregivers" ,*The American Journal of Geriatric Psychiatry*, Vol. 14, No. 4 (April 2006),pp.299–306.

McDowell, I., *Measuring health: a guide to rating scales and questionnaires*, New York: Oxford University, 2006.

McGuire, Shelley., "US department of agriculture and US department of health and human services, dietary guidelines for Americans, 2010. Washington, DC: US government printing office, January 2011" , *Advances in Nutrition*, Vol. 2, No. 3 (May 2011), pp.293–294.

Mitchell, J., "From telehealth to e–health: the unstoppable rise of e–health" , in *Department of Communications, Information Technology and the Arts*, Canberra, Australia: Commonwealth Department of Communications, 1999.

Morahan-Martin, J. M., "How internet users find, evaluate, and use online health information: A cross-cultural review" ,*Cyber Psychology & Behavior*, Vol. 7, No. 5 (November 2004), pp.497-510.

Mullins, J., Bliss, D.Z., Rolnick, S., Henre, C.A.& Jackson, J., "Barriers to communication with a healthcare provider and health literacy about incontinence among informal caregivers of individuals with dementia" ,*Journal of Wound, Ostomy, and Continence Nursing: Official Publication of The Wound, Ostomy and Continence Nurses Society/ WOCN*, Vol. 43, No. 5 (September 2016),pp.539-544.

Murray, M. & Chamberlain, K. (Eds.): *Qualitative health psychology: Theories and methods*, London: Sage, 1999.

Nasreddine, Z. S., Phillips, N. A., Bédirian, V., Charbonneau, S., Whitehead, V., Collin, I., Cummings, J. L. &Chertkow, H., "The Montreal Cognitive Assessment, MoCA: A brief screening tool for mild cognitive impairment" , *Journal of the American Geriatrics Society*, Vol. 53, No. 4 (April 2005),pp.695-699.

Netto, N.R., Jenny, G.Y.N.& Philip, Y.L.K., "Growing and gaining through caring for a loved one with dementia" ,*Dementia*, Vol. 8, No. 2 (2009),pp.245-261.

Norman, C. D., "eHealth literacy: essential skills for consumer health in a networked world" , *Journal of Medical Internet Research* Vol. 8, No. 2 (June 2006), p.e9.

Norman, C. D., Skinner, H. A., "eHEALS: the eHealth literacy scale" , *Journal of Medical Internet Research*, Vol. 8, No. 4 (November

2006), p.e27.

Nutbeam, D., "Defining and measuring health literacy: what can we learn from literacy studies?", *International Journal of Public Health*, Vol. 54, No. 5 (July 2009),pp.303–305.

Nutbeam, D., "The evolving concept of health literacy",*Social Science & Medicine*, Vol. 67, No. 12 (December 2008),pp.2072–2078.

Olsson, S.,Jarlman, O., "A short overview of eHealth in Sweden", *International Journal of Circumpolar Health*, Vol. 63, No. 4 (December 2004), pp.317–321.

Ostergren, J. E., Heeringa, S. G.,Mendes De Leon, C. F., Connell, C. M. &Roberts, J. S., "The influence of psychosocial and cognitive factors on perceived threat of Alzheimer's disease",*American Journal of Alzheimer's Disease & Other Dementias*, Vol. 32, No. 5 (August 2017), pp.289–299.

Pagliari, C., Sloan, D., Gregor, P., Sullivan, F., Detmer, D., Kahan, J. P.,Oortwijn, W. & MacGillivray, S., "What is eHealth (4): a scoping exercise to map the field", *Journal of Medical Internet Research*, Vol. 7, No. 1 (March 2005), p.e9.

Paige, S.R., Krieger, J.L.& Stellefson, M.L., "The influence of eHealth literacy on perceived trust in online health communication channels and sources",*Journal of Health Communication*, Vol. 22, No. 1 (2017),pp.53–65.

Pandya, S. Y., Clem, M. A., Silva, L. M.&Woon, F. L, "Does Mild Cognitive Impairment always Lead to Dementia?A Review", *J. Neurol. Sci*, Vol. 369 (October 2016),pp.57–62.

Parker, R. M., Baker, D. W., Williams, M. V. &Nurss, J. R., "The test of functional health literacy in adults", *Journal of General Internal Medicine*, Vol. 10, No. 10 (October 1995), pp.537–541.

Parker, R. M., Williams, M. V., Weiss, B. D., Baker, D. W., Davis, T. C., Doak, C. C. & Dickinson, B. D. et al, "Health literacy: report of the council on scientific affairs", *Jama-Journal of the American Medical Association*, Vol. 281, No. 6 (February 1999), pp.552–557.

Parker, R., "Health literacy: a challenge for American patients and their health care providers", *Health Promotion International*, Vol. 15, No. 4 (December 2000),pp.277–283.

Patel, A., Knapp, M., Evans, A., Perez, I.& Kalra, L., "Training care givers of stroke patients: economic evaluation", *BMJ*, Vol. 328, No. 7448 (May 2004), p.1102.

Peacock, S., Forbes, D., Markle–Reid, M., Hawranik, P., Morgan, D., Jansen, L., Leipert, B. D. & Henderson, S. R., "The positive aspects of the caregiving journey with dementia: Using a strengths–based perspective to reveal opportunities", *Journal of Applied Gerontology*, Vol. 29, No. 5 (2010), pp.640–659.

Pearlin, L. I., Aneshensel, C. S. & LeBlanc, A. J., "The forms and mechanisms of stress proliferation: The case of AIDS caregivers", *Journal of health and social behavior*, Vol. 38, No. 3 (1997), pp.223–236.

Pearlin, L. I., Menaghan, E. G., Lieberman, M. A. & Mullan, J. T., "The stress process", *Journal of Health and Social behavior*, Vol. 22, No. 4 (1981), pp.337–356.

Pearlin, L. I., Mullan, J.T., Semple, S.J.& Skaff, M.M., "Caregiving and the stress process: An overview of concepts and their measures" ,*The Gerontologist*, Vol. 30, No. 5 (October 1990),pp.583–594.

Penn, D. L., Guynan, K., Daily, T., Spaulding, W. D., Garbin, C. P. & Sullivan, M., "Dispelling the stigma of schizophrenia: what sort of information is best?" ,*Schizophrenia Bulletin*, Vol. 20, No. 3 (1994),pp.567–578.

Petersen, Ronald C., "Mild cognitive impairment: current research and clinical implications" , *Seminars in Neurology*, Vol. 27, No. 1 (February 2007), pp.22–31.

Pinquart, M., Sörensen, S., "Associations of caregiver stressors and uplifts with subjective well–being and depressive mood: a meta–analytic comparison" ,*Aging & Mental Health*, Vol. 8, No. 5 (2004),pp.438–449.

Porter, J. F., Spates, C. R. & Smitham, S., "Behavioral activation group therapy in public mental health settings: A pilot investigation" , *Professional Psychology: Research and Practice*, Vol. 35, No. 3 (2004), pp.297–301.

Power, M., Bullinger, M.& Harper, A., "The World Health Organization WHOQOL–100: tests of the universality of Quality of Life in 15 different cultural groups worldwide" ,*Health psychology*, Vol. 18, No. 5 (1999), pp.495–505.

Prince, M., Wimo, A., Guerchet, M., Ali, G. C., Wu, Y. T. &Prina, M., "The global impact of dementia: An analysis of prevalence, incidence, cost and trends" , *World Alzheimer Report*, (August 2015), p.84.

Rabins, P.V., Kasper, J.D., "Measuring quality of life in dementia:

conceptual and practical issues", *Alzheimer Disease and Associated Disorders*, Vol. 11, No. 6 (1997),pp.100–104.

Radloff, L.S., "The CES–D scale: A self–report depression scale for research in the general population", *Applied Psychological Measurement*, Vol. 1, No. 3 (1977),pp.385–401.

Rapp, S.R., Chao, D., "Appraisals of strain and of gain: Effects on psychological wellbeing of caregivers of dementia patients", *Aging &Mental Health*, Vol. 4, No. 2 (2000),pp.142–147.

Rathier, L.A., Davis, J.D., Papandonatos, G.D., Grover, C.& Tremont, G., "Religious coping in caregivers of family members with dementia", *Journal of Applied Gerontology*, Vol. 34, No. 8 (2015), pp.977–1000.

Ravaglia, G., Forti, P., Montesi, F., Lucicesare, A., Pisacane, N., Rietti, E., Dalmonte, E., Bianchin, M. &Mecocci, P., "Mild Cognitive Impairment: Epidemiology and Dementia Risk in an Elderly Italian Population", *Journal of the American Geriatrics Society*, Vol. 56, No. 1 (January 2008),pp.51–58.

Ribeiro, O., Paul, C., "Older male carers and the positive aspects of care", *Ageing& Society*, Vol. 28, No. 2 (February 2008),pp.165–183.

Roberts, J. S., "Anticipating response to predictive genetic testing for Alzheimer's disease: a survey of first–degree relatives", *The Gerontologist*, Vol. 40, No. 1 (February 2000), pp.43–52.

Roberts, J. S.,Connell, C. M., "Illness representations among first–degree relatives of people with Alzheimer disease", *Alzheimer Disease &*

*Associated Disorders*, Vol. 14, No. 3 (July 2000), pp.129–136.

Roberts,R.O., Knopman, D. S., Mielke, M. M., Cha, R. H., Pankratz, V. S., Christianson, T. J. H., Geda, Y. E., Boeve, B. F., Ivnik, R. J., Tangalos, E. G., Rocca, W. A. & Petersen, R. C., "Higher Risk of Progression to Dementia in Mild Cognitive Impairment Cases Who Revert to Normal" ,*Neurology*, Vol. 82, No. 4 (January 2014),pp.317–325.

Roff, L.L., Burgio, L.D., Gitlin, L., Nichols, L., Chaplin, W.& Hardin, J.M., "Positive aspects of Alzheimer's caregiving: The role of race" ,*The Journals of Gerontology Series B: Psychological Sciences and Social Sciences*, Vol. 59, No. 4 (July 2004),pp.185–190.

Rooij, T. V.,Marsh, S., "eHealth: past and future perspectives" ,*Personalized Medicine*, Vol. 13, No. 1 (January 2016), pp.57–70.

Rothbaum, B. O., Meadows, E. A., Resick, P. & Foy, D. W., "Cognitive-behavioral therapy" , in*Practice Guidelines from the International Society for Traumatic Stress Studies*, Foa, E. B., Keane, T. M. & Friedman, M. J. (eds.), New York: The Guilford Press, 2000, pp.320–325.

Ryu, S. I.,Park, Y. H., "Factors related to dementia worry: comparing middle–aged and older adults in South Korea" ,*Research in Gerontological Nursing*, Vol. 12, No. 6 (November 2019), pp.299–310.

Sanders, M. R., Woolley, M. L., "The relationship between maternal self - efficacy and parenting practices: Implications for parent training" , *Child: care, health and development*, Vol. 31, No. 1 (January 2005),pp.65–73.

Scerri, A.,Scerri, C., "Training older adults about Alzheimer's disease－impact on knowledge and fear"，*Educational Gerontology*, Vol. 43, No. 3 (March 2017), pp.117－127.

Schillinger, D., Barton, L.R., Karter, A.J., Wang, F.&Adler, N., "Does literacy mediate the relationship between education and health outcomes? A study of a low-income population with diabetes"，*Public Health Reports*, Vol. 121, No. 3 (May-June 2006),pp.245-254.

Schulz, R., Burgio, L., Burns, R., Eisdorfer, C., Gallagher-Thompson, D., Gitlin, L. N. & Mahoney, D. F., "Resources for Enhancing Alzheimer's Caregiver Health (REACH): overview, site-specific outcomes, and future directions"，*The Gerontologist*, Vol. 43, No. 4 (August 2003),pp.514-520.

Seçkin, G., Yeatts, D., Hughes, S., Hudson, C. &Bell, V., "Being an informed consumer of health information and assessment of electronic health literacy in a national sample of internet users: validity and reliability of the e-HLS instrument"，*Journal of medical Internet research*, Vol. 18, No. 7 (July 2016), p.e161.

Sen, Amartya: *Poverty and famines: an essay on entitlement and deprivation*, New York: Oxford university, 1982.

Shi Y., Sun F., Liu Y. & Marsiglia F. F., "Perceived threat of Alzheimer's disease and related dementias among older Chinese Americans in subsidized housing: Through a cultural lens"，*Dementia*, Vol. 19, No. 6 (August 2020), pp.1777-1793.

Shim, B., Barroso, J. &Davis, L. L., "A comparative qualitative analysis of stories of spousal caregivers of people with dementia: Negative, ambivalent, and positive experiences", *International Journal of Nursing Studies*, Vol. 49, No. 2 (February 2012), pp.220–229.

Smith, G. E., Petersen, R. C., Parisi, J. E., Ivnik, R. J., Kokmen, E., Tangalos, E. G. & Waring, S., "Definition, Course, and Outcome of Mild Cognitive Impairment" ,*Aging, Neuropsychology, and Cognition*, Vol. 3, No. 2 (1996),pp.141–147.

Smith, G. E., Petersen, R. C., Parisi, J. E., Ivnik, R. J., Kokmen, E., Tangalos E. G. & Waring, S., "Definition, course, and outcome of mild cognitive impairment", *Aging, Neuropsychology, and Cognition*, Vol. 3, No. 2 (1996),pp.141–147.

Snyder, C.M., "Dementia Caregiver Personality Traits and Coping Strategies: Association with Care Recipient Outcomes" ,*PhD diss.,Utah State University*, 2015.

Soleimaninejad, A., Valizadeh–Haghi, S.&Rahmatizadeh, S., "Assessing the eHealth literacy skills of family caregivers of medically ill elderly" ,*Online Journal of Public Health Informatics*, Vol. 11, No. 2 (2019),p.e12.

Song, Y.,Wang, J., "Overview of Chinese research on senile dementia in mainland China", *Ageing Research Reviews*, Vol. 9, No.Supplement (November 2010), pp.S6–S12.

Sorocco, K., Mignogna, J., Kauth, M. R., Hundt, N., Stanley, M. A., Thakur, E., Ratcliff, C. G. & Cully, J. A., "Online CBT training for mental health providers in primary care", *The Journal of Mental Health Training, Education and Practice*, Vol. 13, No. 4 (June

2018),pp.228–237.

Sun,F., Gao, X.&Coon, D. W., "Perceived threat of Alzheimer's disease among Chinese American older adults: The role of Alzheimer's disease literacy", *Journals of Gerontology Series B: Psychological Sciences and Social Sciences*, Vol. 70, No. 2 (March 2015), pp.245–255.

Sun,F., Zhong, X.& Li, X., "Construction and development of Dementia Friendly Community: a comparative analysis of community cases between China and U.S", *Chinese Nursing Management*, Vol. 19, No. 9 (2019),pp.1295–1301.

Sun, X., Shi, Y., Zeng, Q., Wang, Y., Du, W., Wei, N., Xie, R. & Chang, C., "Determinants of health literacy and health behavior regarding infectious respiratory diseases: a pathway model", *BMC Public Health*, Vol. 13, No. 1 (March 2013),pp.1–8.

Tabert, M. H., Manly, J. J., Liu, X., Pelton, G. H., Rosenblum, S., Jacobs, M., Zamora, D., Goodkind, M., Bell, K., Stern, Y. & Devanand, D. P., "Neuropsychological Prediction of Conversion to Alzheimer Disease in Patients with Mild Cognitive Impairment", *Arch. Gen. Psychiatry*, Vol. 63, No. 8 (August 2006),pp.916–924.

Tang, W., Kannaley, K., Friedman, D. B., Edwards, V. J., Wilcox, S., Levkoff, S. E., Hunter, R. H., Irmiter, C. &Belza, B., "Concern about developing Alzheimer's disease or dementia and intention to be screened: An analysis of national survey data", *Archives of Gerontology and Geriatrics*, Vol. 71 (July 2017), pp.43–49.

The Whoqol Group, "Development of the World Health Organization

WHOQOL–BREF quality of life assessment", *Psychological Medicine*, Vol. 28, No. 3 (1998),pp.551–558.

Thorgrimsen, L., Selwood, A., Spector, A., Royan, L., de Madariaga Lopez, M., Woods, R.T.& Orrell, M., "Whose quality of life is it anyway? The validity and reliability of the Quality of Life Alzheimer's Disease (QoL–AD) scale", *Alzheimer Disease & Associated Disorders*, Vol. 17, No. 4 (2003),pp.201–208.

Torti Jr, F. M., Gwyther, L. P., Reed, S. D., Friedman, J. Y. & Schulman, K. A., "A multinational review of recent trends and reports in dementia caregiver burden", *Alzheimer Disease & Associated Disorders*, Vol. 18, No. 2 (2004), pp.99–109.

Tyner, K., *Literacy in a digital world: Teaching and learning in the age of information*, New York: Routledge, 1998.

U.S. National Library of Medicine, *Current bibliographies in medicine*, Bethesda (MD), 1997.

Valizadeh–Haghi, S., Rahmatizadeh, S., "eHealth literacy and general interest in using online Health information: a survey among patients with dental diseases", *Online Journal of Public Health Informatics*, Vol. 10, No. 3 (December 2018),p.e219.

Van Der Vaart, R.,Drossaert, C., "Development of the digital health literacy instrument: measuring a broad spectrum of health 1.0 and health 2.0 skills", *Journal of Medical Internet Research*, Vol. 19, No. 1 (January 2017), p.e27.

Waelde, L. C., Meyer, H., Thompson, J. M., Thompson, L. &

Gallagher–Thompson, D., "Randomized controlled trial of inner resources meditation for family dementia caregivers", *Journal of Clinical Psychology*, Vol. 73, No. 12 (December 2017), pp.1629–1641.

Wain, K. E., Uhlmann, W. R., Heidebrink, J. &Roberts, J. S., "Living at risk: the sibling's perspective of early–onset Alzheimer's disease", *Journal of Genetic Counseling*, Vol. 18, No. 3 (June 2009), pp.239–251.

Wang, J., Xiao, L. D., He, G. P., Ullah, S. &De Bellis, A., "Factors contributing to caregiver burden in dementia in a country without formal caregiver support", *Aging & Mental Health*, Vol. 18, No. 8 (November 2014), pp.986–996.

Wang, K., Gao, X., Sun, F., Fries, C.M.D., "The association between coping strategies and caregiver burden and depression among caregivers of older adults with cognitive impairment in China", *Journal of the Society for Social Work and Research*, Vol. 10 (2021).

Ware Jr, J. E., Sherbourne, C. D., "The MOS 36–item short–form health survey (SF–36): I. Conceptual framework and item selection", *Medical Care*, Vol. 30, No. 6 (1992), pp.473–483.

Ware, J. E., "SF–36 health survey update", *Spine*, Vol. 25, No. 24 (2000), pp.3130–3139.

Ware, J. E., Snow.K. K., Kosinski, M.& Gandek, B. G.,*SF-36 health survey: Manual and interpretation guide*. Boston, MA: The Health Institute, New England Medical Center, 1993.

Werner, P., Michael, D., "Emotional reactions of lay persons to someone with Alzheimer's disease", *International Journal of Geriatric*

*Psychiatry*, Vol. 19, No. 4 (April 2004), pp.391–397.

White, S.,Dillow, S.: *Key Concepts and Features of the 2003 National Assessment of Adult Literacy*, National Center for Education Statistics, 2005.

Williams, D. R., Priest, N. & Anderson, N. B., "Understanding associations among race, socioeconomic status, and health: Patterns and prospects", *Health Psychology*, Vol. 35, No. 4 (2016), pp.407–411.

World Health Organization, "Division of health promotion, education and communications health education and health promotion unit", in *Health Promotion Glossary*, Geneva: WHO, 1998, p.10.

World Health Organization, "*The world health organization quality of life-100*", March 21 1995, https://www.who.int/tools/whoqol/whoqol–100.

Wu, B., Petrovsky, D. V., Wang, J., Xu, H., Zhu, Z., McConnel, E. S. & Corrazzini, K. N., "Dementia caregiver interventions in Chinese people: A systematic review", *Journal of Advanced Nursing*, Vol. 75, No. 3 (March 2019), pp.528–542.

Xue, J., Li, J., Liang, J. & Chen, S., "The Prevalence of Mild Cognitive Impairment in China: A Systematic Review", *Aging and Disease*, Vol. 9, No. 4 (August 2018),pp.706–715.

Yu,J., Li, J. &Huang, X., "The Beijing version of the Montreal Cognitive Assessment as a brief screening tool for mild cognitive impairment: A community–based study", *BMC Psychiatry*, Vol. 12, No. 1 (September 2012), pp.1–8.

Yuen, E.Y., Knight, T., Ricciardelli, L.A.& Burney, S., "Health literacy of caregivers of adult care recipients: A systematic scoping review" ,*Health & Social Care in the Community*, Vol. 26, No. 2 (March 2018),pp.e191−e206.

# 附录 A　蒙特利尔认知评估量表北京版（MoCA-BJ）

| | | | 得分 |
|---|---|---|---|
| **视空间与执行功能**<br> | | 画钟表（11点过10分）<br>（3分） | ___/5 |
| [ ] | [ ] | 轮廓 [ ] 指针 [ ] 数字 [ ] | |
| **命名**<br> | | | ___/3 |

| 记忆 | 读出下列词语，然后由患者重复上述过程重复2次，5分钟后回忆。 | | 面孔 | 天鹅绒 | 教堂 | 菊花 | 红色 | 不计分 |
|---|---|---|---|---|---|---|---|---|
| | | 第一次 | | | | | | |
| | | 第二次 | | | | | | |

| 注意 | 读出下列数字，请患者重复（每秒1个）。 | 顺背 [ ] 21854 | ___/2 |
|---|---|---|---|
| | | 倒背 [ ] 742 | |

| 读出下列数字，每当数字出现1时，患者敲1下桌面，错误数大于或等于2不给分。<br>[ ]52945 | ___/1 |
|---|---|

| 100 连续减 7　　　　　　[ ]93　[ ]86　[ ]79　[ ]72　[ ]65 | ___/3 |
|---|---|
| 　　　4–5个正确得3分，2–3个正确得2分，1个正确得1分，0个正确得0分。 | |

| | | | | | | | | 得分 |
|---|---|---|---|---|---|---|---|---|
| **语言** | 重复： | "我只知道今天张亮是帮过忙的人" [　] <br> "当狗在房间里的时候，猫总是藏在沙发下" [　] | | | | | | __/2 |
| | 流畅性 | 在1分钟内尽可能多地说出动物的名字。[　] <br> (N ≥ 11 名称) | | | | | | __/1 |
| **抽象** | 词语相似性：香蕉—桔子 = 水果　　[　]火车—自行车　[　]手表—尺子 | | | | | | | __/2 |
| **延迟回忆** | 没有提示 | | 面孔 [　] | 天鹅绒 [　] | 教堂 [　] | 菊花 [　] | 红色 [　] | 只在没有提示的情况下给分。 | __/5 |
| 选项 | 类别提示： | | | | | | | |
| | 多选提示： | | | | | | | |
| **定向** | [　]星期　　　[　]月份　　　[　]年　　　[　]日　　　[　]地点　　　[　]城市 | | | | | | | __/6 |
| | 正常 ≥ 26/30 | | | | | 总分　　　　　　__/30 <br> 教育年限 ≤ 12 年加 1 分 | | |

# 附录 B　简易智力状态评估表 MINI-COG

| 步骤 | 内容 | 评分 |
|---|---|---|
| 第一步 | 确定老人已集中注意力 | |
| | 指导老人认真听并记住 3 个不相关的词，并跟着重复一遍（确定老人已听清楚） | |
| 第二步<br>（画钟测试） | 指导老人在一张白纸上画一个表盘 | |
| | 让老人在表盘上画出时针和分针，标识一个给定的时间（11:10 或 8:20 最常用，较其他更敏感） | |
| 第三步 | 让老人重复之前提到的 3 个词 | |

# 附录 C　简易精神状态检查表（Mini—Mental State Examination MMSE）

1. 内容

| （1）今年是公元哪年？ | 1 | 0 | | | |
|---|---|---|---|---|---|
| 　　现在是什么季节？ | 1 | 0 | | | |
| 　　现在是几月份？ | 1 | 0 | | | |
| 　　今天是几号？ | 1 | 0 | | | |
| 　　今天是星期几？ | 1 | 0 | | | |
| （2）咱们现在是在哪个城市？ | 1 | 0 | | | |
| 　　咱们现在是在哪个区？ | 1 | 0 | | | |
| 　　咱们现在是在什么街（胡同）？ | 1 | 0 | | | |
| 　　咱们现在是在哪个医院？ | 1 | 0 | | | |
| 　　这里是第几层楼？ | 1 | 0 | | | |
| （3）我告诉您三种东西，在我说完之后，请您重复一遍，这三种东西都是什么？ | | | | | |
| 　　树、钟、汽车（各1分共3分）。 | 3 | 2 | 1 | 0 | |
| （4）100−7=？　连续减5次（各1分共5分） | 5 | 4 | 3 | 2 | 1 | 0 |

| | | | | |
|---|---|---|---|---|
| （5）现在请您说出刚才我让您记住的那三样东西（各 1 分共 3 分） | 3 | 2 | 1 | 0 |
| （6）（出示手表）这个东西叫什么？ | 1 | 0 | | |
| （出示铅笔）这个东西叫什么？ | 1 | 0 | | |
| （7）请您跟着我说"大家齐心协力拉紧绳" | 1 | 0 | | |
| （8）我给您一张纸，请按我说的去做，现在开始："用右手拿着这张纸，用两只手将它对折起来，放在您的左腿上"（每项 1 分共 3 分） | 3 | 2 | 1 | 0 |
| （9）请您念一念这句话，并且按照上面的意思去做"闭上您的眼睛" | 1 | 0 | | |
| （10）请您给我写一个完整的句子。 | 1 | 0 | | |
| （11）（出示图案）请您照着这个样子把它画下来 | 1 | 0 | | |

2. 解释

（1）检查需要 5—10 分钟，仅需要一只手表、铅笔和一张纸。

（2）每个单词朗读时间 1 秒钟，根据第一次复述结果评分，但是重复朗读单词直至老人可以复述，最多 6 次，如果老人最终仍不能完全复述所有单词，则认为回忆测试结果无意义。

（3）计算：每步 1 分。如果前一次计算错误，但是下一次答案正确，也得 1 分。

（4）书写：句子必须包括主语和动词，符合逻辑，不要求语法和拼写正确，必须是老人自己写的，不能是访谈员口述的句子。

（5）要求老人画 2 个互相交错的五角形，应像图例一样准确地画出来。必须包括 10 个角和 10 个边，2 个必须交错，可以忽略线条的抖动和图形的旋转。

（6）引导语："我将您问一些问题，检查您的记忆力和思考问题的能力，有些问题很简单，有些问题对于每个人来说都较难，尽您最大努力回答问题，如果不会，您不必紧张。"

（7）评分标准：总分 30 分，低于 27 分为认知受损。

# 附录 D　阿尔兹海默症相关生活质量量表 ADRQL 中文版

**请想想在过去两周的情况是否与描述一致。0= 不同意；1= 同意；**

| 1. 社会互动 | | |
|---|---|---|
| 1-1. 她 / 他和其他人在一起的时候会笑或者大笑 | 0 | 1 |
| 1-2. 她 / 他不会注意别人的存在 | 0 | 1 |
| 1-3. 她 / 他愿意待在其他人旁边 | 0 | 1 |
| 1-4. 她 / 他通过和其他人打招呼或者加入聊天来寻求联系 | 0 | 1 |
| 1-5. 她 / 他愿意和其他人讲话 | 0 | 1 |
| 1-6. 她 / 他接触别人或者允许别人的身体接触，例如握手、拥抱、轻拍 | 0 | 1 |
| 1-7. 她 / 他可以被其他人安慰或者安抚 | 0 | 1 |
| 1-8. 她 / 他很开心地对待宠物或者小动物 | 0 | 1 |
| 1-9. 她 / 他微笑、大笑或者很愉快 | 0 | 1 |
| 1-10. 她 / 他表现出喜悦的神情 | 0 | 1 |
| 1-11. 她 / 他表现幽默 | 0 | 1 |
| 1-12. 即使自己没有积极参与，她 / 他也会安静地坐着，享受和其他人一起的活动 | 0 | 1 |

| 2. 自我意识 | | |
|---|---|---|
| 2-1. 她 / 他谈论或者仍然做与以前的工作或者日常活动有关的事情 | 0 | 1 |
| 2-2. 她 / 他清晰地知道自己在家庭中的角色，如丈夫 / 妻子、父母、祖父母 | 0 | 1 |
| 2-3. 她 / 他在日常活动中作出或表达自己的选择，例如穿什么、吃什么或坐在哪里 | 0 | 1 |

| 2-4. 她／他表现出对她／他过去的事件、地点或习惯的兴趣，例如老朋友、故居 | 0 | 1 |
|---|---|---|
| 2-5. 她／他对自己的名字没有反应 | 0 | 1 |
| 2-6. 她／他不表达曾经一直拥有的想法或态度 | 0 | 1 |
| 2-7. 她／他会在电话中与人交流 | 0 | 1 |
| 2-8. 她／他从他／她的财物中获得享受或平静 | 0 | 1 |

| **3. 感觉和情绪** | | |
|---|---|---|
| 3-1. 她／他挤压、扭曲或扭动她／他的手 | 0 | 1 |
| 3-2. 她／他扔、击打、踢或者撞击物体 | 0 | 1 |
| 3-3. 她／他大喊大叫、谩骂或大声指责他人 | 0 | 1 |
| 3-4. 她／他把自己锁在房间中 | 0 | 1 |
| 3-5. 她／他爱生气 | 0 | 1 |
| 3-6. 她／他哭泣或皱眉 | 0 | 1 |
| 3-7. 她／他紧张不安，或不停地踱步或敲打墙壁等 | 0 | 1 |
| 3-8. 她／他以不同的方式拒绝帮助（例如穿衣、进食、洗澡等）或者拒绝移动 | 0 | 1 |
| 3-9. 她／他看起来很满足 | 0 | 1 |
| 3-10. 她／他被其他人接近的时候变得不安或者生气 | 0 | 1 |
| 3-11. 她／他对其他人动手 | 0 | 1 |
| 3-12. 她／他在家中感到不安 | 0 | 1 |

| **4. 享受活动** | | |
|---|---|---|
| 4-1. 她／他喜欢自己一个人活动，例如听音乐、看电视 | 0 | 1 |
| 4-2. 她／他不参加曾经喜欢的活动，即使是被鼓励参加的时候 | 0 | 1 |
| 4-3. 当参加快乐的活动和娱乐时，她／他没有表现出任何愉快和享受的意思 | 0 | 1 |
| 4-4. 她／他打瞌睡或者大部分时间都没有做什么事情 | 0 | 1 |

| **5. 在家的行为** | | |
|---|---|---|
| 5-1. 她／他谈到感到不安全或者说她／他的财物不安全 | 0 | 1 |
| 5-2. 她／他在家以外的地方感到很着急 | 0 | 1 |
| 5-3. 她／他谈到过想要离开家或者回家 | 0 | 1 |
| 5-4. 她／他说自己想离开人世 | 0 | 1 |

# 附录 E　阿尔兹海默症生活质量测评量表 QOL-AD 中文版

| 生活质量（患者版） | | | |
|---|---|---|---|
| 请调查员按照标准指导语进行访问；请老人圈出答案。 | | | |
| 1. 身体健康状况 | 差 | 一般 | 好 | 非常好 |
| 2. 精力 | 差 | 一般 | 好 | 非常好 |
| 3. 情绪 | 差 | 一般 | 好 | 非常好 |
| 4. 居住情况 | 差 | 一般 | 好 | 非常好 |
| 5. 记忆力 | 差 | 一般 | 好 | 非常好 |
| 6. 与家人的关系 | 差 | 一般 | 好 | 非常好 |
| 7. 婚姻状况 | 差 | 一般 | 好 | 非常好 |
| 8. 与朋友的关系 | 差 | 一般 | 好 | 非常好 |
| 9. 对自己的整体感觉 | 差 | 一般 | 好 | 非常好 |
| 10. 做家务的能力 | 差 | 一般 | 好 | 非常好 |
| 11. 进行娱乐活动的能力 | 差 | 一般 | 好 | 非常好 |
| 12. 经济状况 | 差 | 一般 | 好 | 非常好 |
| 13. 生活的整体状况 | 差 | 一般 | 好 | 非常好 |

责任编辑：高晓璐

封面设计：胡欣欣

**图书在版编目（CIP）数据**

认知症老人生活质量影响因素及社会支持研究／高翔 著.—北京：人民出版
社，2023.12

ISBN 978−7−01−026024−2

I.①认… II.①高… III.①老年人—社会生活—研究—中国 IV.① D669.6

中国国家版本馆 CIP 数据核字（2023）第 200965 号

**认知症老人生活质量影响因素及社会支持研究**

RENZHIZHENG LAOREN SHENGHUOZHILIANG YINGXIANGYINSU JI SHEHUIZHICHI YANJIU

高翔 著

**人 民 出 版 社** 出版发行

（100706　北京市东城区隆福寺街 99 号）

北京九州迅驰传媒文化有限公司印刷　新华书店经销

2023 年 12 月第 1 版　2023 年 12 月北京第 1 次印刷

开本：710 毫米 ×1000 毫米 1/16　印张：15

字数：230 千字

ISBN 978−7−01−026024−2　定价：59.00 元

邮购地址 100706　北京市东城区隆福寺街 99 号

人民东方图书销售中心　电话（010）65250042　65289539